工程项目交易治理计算研究

阚洪生 著

中国建筑工业出版社

图书在版编目（CIP）数据

工程项目交易治理计算研究 / 阚洪生著. —北京：中国建筑工业出版社，2021.12
ISBN 978-7-112-26903-7

Ⅰ.①工… Ⅱ.①阚… Ⅲ.①工程项目管理—工程计算—研究 Ⅳ.①F284

中国版本图书馆 CIP 数据核字（2021）第 248766 号

责任编辑：张 玮 张智芊
责任校对：李美娜

工程项目交易治理计算研究
阚洪生 著
*
中国建筑工业出版社出版、发行（北京海淀三里河路9号）
各地新华书店、建筑书店经销
逸品书装设计制版
北京京华铭诚工贸有限公司印刷
*

开本：787 毫米×1092 毫米 1/16 印张：13¼ 字数：186 千字
2021 年 12 月第一版 2021 年 12 月第一次印刷
定价：**50.00** 元
ISBN 978-7-112-26903-7
（38751）

版权所有 翻印必究
如有印装质量问题，可寄本社图书出版中心退换
（邮政编码 100037）

前言

这本书是山东省自科科学基金资助项目"工程项目跨组织交易治理机制及计算模型研究"（项目立项编号ZR2019PG007）的成果之一。它围绕工程项目交易问题，综合交易成本经济学、代理理论、嵌入性理论和关系合同理论研究工程项目交易治理机制，基于Agent建模与仿真方法研究工程项目交易治理计算和治理计算平台研究工程项目交易治理设计与决策方法。

新型城镇化建设、现代化基础设施体系建设以及社会经济的高速发展催生了大量的建设工程项目。然而，建设工程项目增多的同时，却一直面临着项目绩效普遍不佳的困扰。实践表明，项目成功不仅需要管理好，还需要治理好。治理不好，管理很难做好。项目交易治理作为项目治理的一个重要内容，通过管理效率影响项目绩效。当前的项目交易治理设计与决策大多依赖于经验、简单的定性分析、多属性决策等方法。这些方法大多只能分析工程项目交易治理的一个维度，不能给出一个完整性的治理方案，也不能系统分析项目交易治理相关的代理风险、协调风险、敲竹杠风险，不能对治理方案相关的组织行为、项目绩效进行计算分析，使得这些方法在设计和选择恰当治理方案时存在较大局限。因此，研究工程项目交易治理计算具有重要意义。基于Agent的建模与仿真方法作为一种研究复杂系统和复杂行为的有效方法，为工程项目交易治理计算提供了方法论。

本书基于Agent建模与仿真方法，综合交易成本经济学、代理理论、嵌入性理论和关系合同理论，探索了工程项目交易治理机制，构建了工程项目交易治理概念模型和工程项目交易治理计算概念模型，开发了工程项目交易治理计算平台，并进行了有效性验证。具体而言，本书主要开展了以下研究工作。

首先，研究了工程项目交易治理机制。这一部分是工程项目交易治理计算的基础。明确了工程项目生产交易治理系统三个主要构成要素：工程项目、委托人和代理人。分析了工程项目特征、委托人项目交易治理策略与代理人生产交易行为的维度与（或）种类，结合交易成本经济学、代理理论、嵌入性理论和关系合同理论分析了它们之间的作用关系，及其与项目绩效的关系，构建了工程项目交易治理概念模型，较系统和全面地厘清了工程项目交易治理机制。

其次，构建了工程项目交易治理计算概念模型。在可计算组织与流程（Computational Project Organization Process，简称CPOP）模型和工程项目交易治理机制研究的基础上，结合交易成本经济学、代理理论、嵌入性理论和关系合同理论构建了工程项目交易治理计算概念模型。项目交易治理计算概念模型包括输入模型、行为模拟和仿真输出。其中，输入模型包括交易模型、任务与流程模型、项目组织模型和Agent模型；行为模拟包括对生产激励与约束的模拟、对组织内和跨组织生产沟通与协调的模拟以及对生产交易异常及处理的模拟；仿真输出结果包括工期、项目成本、生产成本、交易成本和质量风险。

再次，开发工程项目交易治理计算平台并进行有效性验证。基于工程项目交易治理计算概念模型和ProjectSim，设计工程项目交易治理计算平台的输入模块、输出模块、模块积木、积木属性以及积木交互机理,并进行程序开发实现工程项目交易治理计算平台。在工程项目交易治理计算平台有效性验证方面,开展需求验证、表面验证和过程验证,确保了:①积木足以表达工程项目交易治理系统且能进行计算模拟;②工程项目交易治理计算平台基本假设的可信性;③模拟流程与步骤符合现实系统。开展理论验证和实证验证,通过设计细小实验和综合实验校验了行为矩阵。

最后,基于治理计算平台展开工程项目交易治理设计与决策研究。提出了基于治理计算平台的工程项目交易治理设计方法,包括五个基本步骤:项目相关情况梳理;初步设计项目交易治理备选方案;构建项目交易治理备选方案模型;模拟、分析、初选治理方案;初选治理方案优化。选取案例展开应用研究。

本书在以下三个方面体现了一定的创新:①综合交易成本经济学、代理理论、嵌入性理论和关系合同理论,构建了工程项目交易治理概念模型,较系统、较全面地厘清了工程项目交易治理的机制,为工程项目交易治理决策、治理计算提供了理论基础。②基于Agent建模与仿真方法开发了项目交易治理计算平台,实现了工程项目交易治理的计算,将项目交易治理—微观行为—宏观绩效结合起来,可以对一个整体性的治理方案进行综合分析,包括宏观结构的任务流程结构、项目组织关系结构、管理结构安排,微观具体交易的合同完备性、合同支付方式、监管、关系安排。③工程项目交易治理计算研究基于生产技术和交易的综合性视角,从任务流程结构、项目组织结构、管理结构、合同、关系、监管计算模拟工程项目交易治理策略对组织行为、项目绩效的作用机制,拓展了工程项目组织仿真、交易治理的研究视野。

本书感谢山东省自然科学基金委对本书的资助。

本书还要感谢该研究过程中提供支持和帮助的各位老师、前辈、同仁，尤其感谢同济大学的乐云教授和陆云波副教授、上海奇弦智能科技有限公司的张欣和顾志明、青岛理工大学赵金先教授，陆云波、张欣、顾志明在治理计算平台实现过程中做出了重要贡献。硕士研究生张强、胡彬、董源源做了部分文字整理工作。

本书适合从事工程管理相关专业的科技人员及高等院校相关专业研究生参考。

由于本人水平有限，对一些问题的认识还有片面性，况且有些理论方法和技术尚处于发展之中，难免存在疏漏和不当之处，恳请同行专家和广大读者批评指正。

目 录

前言

第1章 绪 论 / 001

    1.1 研究背景 / 002

    1.2 研究问题与基本概念 / 006

    1.3 研究意义 / 009

    1.4 研究的逻辑结构和研究内容 / 010

    1.5 研究方案与技术路线 / 013

    1.6 研究的创新点 / 015

第2章 基础理论与相关研究 / 017

    2.1 项目交易治理决策相关研究 / 018

    2.2 交易治理相关理论及评述 / 047

    2.3 Agent建模与仿真研究评述 / 051

    2.4 小结 / 056

第3章 工程项目交易治理机制研究 / 059

    3.1 工程项目生产交易治理系统分析 / 061

    3.2 工程项目特征分析 / 063

    3.3 委托人的工程项目交易治理策略分析 / 065

    3.4 代理人的工程项目生产交易行为分析 / 069

3.5 构建工程项目交易治理概念模型 / 075

3.6 小结 / 079

第4章 工程项目交易治理计算概念模型构建 / 081

4.1 工程项目交易治理计算的基础分析 / 082

4.2 工程项目交易治理计算概念模型构建 / 085

4.3 工程项目交易治理计算输入模型 / 088

4.4 工程项目交易治理计算行为模拟 / 091

4.5 工程项目交易治理计算模拟输出 / 093

4.6 小结 / 094

第5章 工程项目交易治理计算实现 / 095

5.1 工程项目交易治理计算实现路径分析 / 096

5.2 工程项目交易治理计算平台设计 / 097

5.3 工程项目交易治理计算平台实现 / 102

5.4 小结 / 104

第6章 工程项目交易治理计算平台有效性验证 / 107

6.1 有效性验证内容的确定 / 108

6.2 非实验验证 / 111

6.3 实验验证 / 112

6.4 小结 / 140

第7章 基于工程项目交易治理计算平台的治理设计与决策研究 / 143

7.1 基于工程项目交易治理计算平台的治理设计方法 / 144

7.2 案例研究 / 146

7.3 小结 / 157

第8章 结　语 / 159

8.1 研究总结与研究价值 / 160

8.2 研究不足之处与展望 / 162

参考文献 / 167

第一章 绪论

阐述研究的行业背景和理论背景，凝练出科学问题并界定相关概念；构筑研究的总体框架和层次结构，明确研究内容；陈述研究方案和技术路线；提出本研究的创新点。

1.1 研究背景

1）行业背景

新型城镇化建设、现代化基础设施体系建设，以及社会经济的高速发展催生了大量的建设工程项目。新冠疫情暴发以来，对世界范围内的经济、文化交流、人民生产生活带来了不利影响，由于中国政府管控得力，经济形势依然向好。根据国家社会统计局数据显示，2020年中国全社会固定资产投资达518907亿元人民币，比上年增长2.9%，基础设施投资增长0.9%，房地产开发投资141443亿元，比上年增长7.0%（国家统计局，2021）。《中华人民共和国国民经济和社会发展第十四个五年规划和2035年远景目标纲要》提出：要统筹推进传统基础设施和新型基础设施建设，打造系统完备、高效实用、智能绿色、安全可靠的现代化基础设施体系；布局新型基础设施，加快5G网络建设，实施中西部地区中小城市基础网络完善工程；完善综合运输大通道、构建快速网基本贯通"八纵八横"高速铁路、加快建设世界级港口群和机场群等（国家"十四五"规划，2021）。

虽然，工程项目的数量、规模都呈现出高速增长的态势，但是，建筑行业的生产效率却出现了下滑（丁士昭，2005；李忠富、王汇墨，2011）。也有研究认为，全球建筑业1995~2015年劳动复合增长率为1%，不过，工程项目绩效"铁三角"不佳并未改善，即成本超支、工期拖延、质量低下问题依然突出（Kumaraswamy et al.，2005；Sullivan et al.，2017）。

（1）成本超支问题：1998年国家计委[①]稽查了全国范围内的重大工程项目后发现，超概算问题较为突出，第一次稽查了78个重大工程项目，其中20个超概算，达25.65%，超概算金额为129.87亿元，高达批准总投资的67.83%。成本超支并不是我国工程特有的现象，而是普遍存在于世界范围的各国重大工程，例如Flyvbjerg等（2003）调查了来自20个国家的258个交通类工程建设情况后发现，90%的工程项目出现了成本超支问题，最大超支幅度达28%~86%。

（2）工期拖延问题：与成本超支类似，工程进度失控同样普遍，根据Bordolli、Baldwin（1998）的调查数据显示，世界银行于1974~1988年间贷款1627个项目，其中50%~80%的项目出现工期延误；在我国，工期绩效呈现两极分化现象，政府投资的重点工程由于有严格的工期要求，把进度管理放在第一位，工期绩效表现优异，西方工程师认为不可能在计划工期完成的工程也能按期甚至提前完工，被称为中国速度（Zou et al.，2007）；另外，大量的工程项目由于进度控制软件使用不到位、进度计划成摆设导致进度失控问题严重。然而，不合理的工期目标对工程质量产生了不利影响，如温州高铁质量事故（孟斯硕，2011）。

（3）质量低下问题：1998年国家计委对130余个重大工程项目稽查发现：工程质量不高，隐患多；水利专项稽查的15个项目有1/3的项目存在不同程度的质量隐患。这些年，工程质量似乎并未得到有效改善，"楼脆脆"[②]、桥梁坍塌[③]等重大质量事故时有发生。质量事故不仅导致重大经济

---

① 2003年，国家计委并入国务院体改办、国家经贸委部分职能改组为国家发展和改革委员会。

② 2009年6月27日，上海一栋竣工未交付使用的高楼整体倒覆。

③ 2021年7月25日，珠海金海大桥垮塌，致2人遇难；2020年11月1日，天津市滨海新区天津港散货物流加工区一跨河铁路桥在维修施工过程中发生坍塌，造成8人遇难。

损失,还常常造成人员伤亡,给社会带来恶劣影响。

实践表明,项目成功并不能简单寄希望于管理好,而是需要首先治理好(Turner,2009)。治理不好,管理很难做好,只有治理好,管理才可能做好。然而,不论是工程管理理论界,还是工程建设实践中,长期以来都没有意识到治理的重要性,对项目治理的重要工具和载体——合同的认识存在严重的不足,甚至是错误的认识(Puddicombe,2009),即把合同当作转移风险的工具,将风险过度转移给承包商(William、Ashley,1987);认为合同仅是技术问题,高层管理者并不重视合同内容(Von Branconi、Loch,2004)。此外,对工程交易治理的另一个重要维度——关系考虑同样不足,项目实施过程中的冲突、敌对、纠纷严重影响了项目的顺利实施(Ng et al.,2002)。

归属于项目治理范畴的工程项目交易模式设计与决策方面,由于受基本教育与培训、经验、方法限制,业主常常采用以往的成功模式,或是基于咨询顾问的偏见性经验与倾向性认识,或是基于过度简化的定性分析进行决策(Griffith、Headely,1997;王学通、王要武,2010;Miller et al,2009;Eweje et al.,2012)。诸如此类交易模式设计方法都未能系统分析工程项目交易治理系统内部各要素相互作用涌现项目绩效的机理,从而导致交易治理设计偏颇、失当,引发了交易各方的关系敌对、冲突、纠纷,影响项目顺利开展,最终出现项目绩效不佳(Ng et al.,2002;Cheung et al.,2003;Turner,2004;Eriksson、Laan,2007)。

综上,如何进行工程项目交易治理设计与决策是工程项目实践领域面临的突出问题。

2)理论背景

长期以来,项目研究领域并没有区分管理和治理(沙凯逊,2013)。治理引入到项目研究领域不过二十年左右的时间,但是已经发展成为一个重要的研究分支。

项目治理没有一个统一的认识,项目治理研究正处于"项目治理丛林"阶段(丁荣贵等,2013;张水波,2012)。对于工程项目交易治理来说,大多数研究还没有将其从项目治理中区分出来,其研究是在项目治理的框架或是名义下展开,主要围绕着概念、内涵、治理原则、项目案例等展开(Sanderson,2012;Ruuska et al.,2011;Klakegg et al.,2008;Garland,2009;Pryke、Pearson,2006;Zheng et al.,2008;杨飞雪等,2003;严玲等,2004),借助于交易成本经济学、代理理论等理论展开分析(Biesenthal & Wilden,2014)。这些研究呈现出概念化、碎片化特征,缺乏可操作的整体性治理方案,或是操作性不强。

传统项目管理领域,主要围绕工程项目交易模式选择展开,已形成的方法主要有实证方法、经验判断与数学决策相结合的方法、基于交易治理相关理论的分析方法等(Miller et al.,2009;Love et al.,1998;Puddicombe,2009;Ive、Chang,2007;Turner、Smister,2001;Turner,2004),其中,交易治理理论主要包括交易成本经济学、代理理论、嵌入性理论、关系合同理论等(Chang、Ive,2007;Ning,2013)。这些模式的选择方法要么对行为和动机、责权利的配置与制衡缺乏考虑,要么分析的过于简单,要么只能对众多因素进行重要性排序,不能将工程项目交易治理的结构和具体交易安排结合起来综合考虑,从而无法系统理解工程项目生产交易系统内部诸多要素间的复杂性交互及其涌现项目绩效的机理,低估或是忽略了工程项目实施过程中的生产协调风险、代理风险,并且对关系治理考虑不足,使得基于这些方法选择工程项目交易模式的效果常常低于预期。

当前,计算实验方法已经开始应用于组织研究。在工程组织研究方面,代表性的是斯坦福大学Levitt教授团队对项目组织结构和组织行为的计算实验研究(Levitt,2004),以及同济大学陆云波副教授团队基于中国组织行为的组织计算研究。基于Agent的建模与仿真方法作为计算实验方法的新范式,可以有效分析复杂性系统及复杂性行为(廖守亿,2015),为工程项目交易治理的可计算分析、整体性方案分析提供了方法论和工具基础。

1.2 研究问题与基本概念

1.2.1 研究问题的提出

基于行业背景、理论背景的探讨，本研究将工程项目交易治理计算作为研究问题，将基于计算实验的工程项目交易治理设计与决策作为研究目标。计算实验采用的是Agent建模与仿真技术，研究的理论基础是交易成本经济学、代理理论、嵌入性理论、关系合同理论。工程项目交易治理模式的谱系较宽，带有融资性质和不涉及融资的交易模式差别显著，涉及融资的工程项目交易模式应用占比仍然较小（Ruparathna、Hewage，2014）。本文对工程项目交易治理模式的研究范围界定在DBB、DB、MC等模式，不包括带有融资性质的PPP模式，研究的时间跨度界定在初步设计到工程建设完成。

1.2.2 基本概念

工程项目又称为工程、建设项目，它是项目的一类（丁士昭，2014）。本研究参照《建设工程项目管理规范》GB/T 50326—2017对工程项目的定义。本书所指的项目都可指工程项目，并不对工程项目与项目进行区分。

1）项目治理与项目交易治理

项目治理研究方兴未艾，正处于"项目治理丛林"阶段（丁荣贵等，2013；张水波，2012）。项目治理存在多种理解和概念定义，为明确研究范畴，梳理相关机构和学者对项目治理概念的界定，如表1.1所示，分析项目治理、项目交易治理的概念、内涵，及其关系。

通过梳理相关研究机构和学者对项目治理概念的界定，可以将项目治理理解为以项目/战略目标实现为最根本目标，通过规则、协议（或说合同）、关系、结构、管理体系等制度安排，协调利益相关方的利益以确保项目的顺利实施。项目利益相关方不仅包括发起人、业主，以及金融机

机构、学者对项目治理的定义　　　　　　　　　　　　　　表1.1

作者	定义	关键词
PMI（2021）	用于指导项目管理活动的框架、功能和过程，从而创造独特的产品、服务或结果，以满足组织、战略和运营目的	框架、过程、战略
张水波（2012）	项目治理以研究规则、整合目标、规范秩序为主题，实现项目参与各方的合作协调，从而提高效率，达到既定的项目绩效目标	规则、目标、秩序、协调、效率、目标
丁荣贵等（2012）	项目治理是建立和维护项目利益相关方之间规制关系的过程，该过程可以减低治理角色承担的风险，为确立项目以及实现其目标提供可靠的管理环境	规制关系、风险、目标、管理环境
尹贻林、杜亚灵（2010）	项目治理是构建一套包含一系列正式或非正式、内部或外部的制度或机制的制度体系，它科学合理地规定了项目主要利益相关者之间的权（权力）、责（风险）、利（利益）关系，从而在项目交易中建立起一种良好的秩序，并通过各种方法和手段来维持这种秩序，以求有效地协调利益相关者之间的关系并化解他们之间的利益冲突	制度、权责利、秩序、协调、利益相关方、冲突
Muller（2009）	项目治理包括价值体系、职责、程序和政策，使得项目得以为实现组织目标服务，并促进项目朝着实现内外部利益相关方及公司本身利益的方向前进	价值体系、职责、程序、政策、组织目标、利益
Bekker、Steyn（2007）	将项目治理界定为一系列关于管理体系、规则、协议、关系和结构的框架，在这一框架下项目开发和实施决策得以制定并实现业务或战略目标	管理体系、规则、协议、关系、结构、目标
Turner（2006）	项目治理是一种利益相关方的治理机制，他提供了可以设定项目目标的结构，并确定实现目标和监控绩效所需的手段	利益相关方、治理机制、结构、手段
英国项目管理协会（2004）	项目治理是公司治理中专门针对项目活动领域的治理工作	公司治理、项目活动
严玲等（2004）	项目治理是一种制度框架，体现了项目参与各方和其他利益相关方之间权、责、利关系的制度安排，在此框架下完成一个完整的项目交易	项目参与各方、制度、权责利关系
Lambert（2003）	项目治理是围绕项目的一系列结构、系统和过程，以确保项目有效的交付使用，彻底达到充分效用和利益实现	结构、系统、过程、效用、利益

构、勘察方、设计方、检测方、施工方、工程咨询方、供货方等市场参与主体，还包括居民、媒体等（Turner，2006）。项目治理分为多个层次（Biesenthal、Wilden，2014），包括公司治理范畴的项目治理、市场交易治理范畴的项目治理、其他治理范畴的项目治理。公司治理范畴的项目治理协调公司内部与项目之间的利益关系，市场交易治理范畴的项目治理协调业主与项目的市场参与主体之间的利益关系，其他治理范畴的项目治理包括诸如与居民、媒体关系的治理等。

项目发起人分为私人企业和政府两大类。对于政府发起的公共项目来说，项目治理还包括政府治理范畴的项目治理，协调政府与项目之间的利益关系。本文将研究范畴界定在市场交易治理范畴的项目治理，将其简称为项目交易治理。总结来说，项目交易治理是项目治理的一个重要组成部分。根据相关机构和学者对项目治理概念的界定，可以确定项目交易治理包括结构、管理系统、规则、过程、合同和关系等方面。

2）交易、项目交易治理中的交易界定

"交易"最早用来区分生产，古希腊哲学家亚里士多德将交易定义为"人与人之间的关系"（沈满洪、张兵兵，2013）。交易这一概念引入到经济学归功于制度经济学家康芒斯，其将交易定义为人类活动的基本单位，将"交易"进行了一般化、概念化处理（康芒斯，2009），使交易成为制度经济学分析中的最小分析单位。康芒斯将交易划分为三类，即买卖的交易、管理的交易和限额的交易。威廉姆森为了界定生产过程中的"原子"，区分不同治理结构，即企业、市场或是混合治理结构的有效性，将交易界定为"一件商品或意向服务转移越过一个技术意义下的分割界面"（Williamson，1985）。

本文研究的项目交易治理指的是市场交易范畴的项目治理。所指的市场交易是项目实施过程中组织之间关于产品和服务的买卖，而个人与企业间的劳动力交易不属于本研究范畴。从组织交易的角度，在威廉姆森关于"交易"定义的基础上，定义交易为"一件商品或意向服务转移越过一个组织意义下的分割界面"，这一定义旨在研究不同形式的混合治理结构及其治理有效性。

3）项目交易治理计算

项目交易治理计算是用计算实验的方法来分析项目交易治理问题并提出解决策略，属于组织计算的研究范畴。作为区别于传统的理论研究、实证研究的第三种研究方法，计算实验方法已经成功应用于生物、化学、社会、组织管理等领域，在这些特定领域的研究称为生物计算、化学计算、社会计算、组织计算（Harrison et al.，2007；盛昭瀚、张维，2011）。在工程管理领域，利用计算实验研究工程管理问题还相对较少，尤其是研究项目交易治理问题。本研究属于项目治理研究与计算机科学的交叉学科研究。

1.3 研究意义

1）理论意义

综合交易成本经济学、代理理论、嵌入性理论、关系合同理论构建了工程项目交易治理概念模型，较系统、较全面地阐释了工程项目交易治理机制，弥补了现有工程项目交易治理研究仅从一个角度进行相关解释和分析所产生的，因理论本身的假设和研究边界所导致的，理性化和社会化不足的问题。

将交易治理相关理论（包括交易成本经济学、代理理论、嵌入性理论、关系合同）和计算实验方法应用到工程项目交易治理领域，既丰富和发展了工程项目交易治理理论，也拓宽了计算实验方法的研究视野，可以促进项目交易治理理论、组织工程学科和组织计算的交叉研究。

2）实践意义

工程项目交易治理计算平台可以综合分析项目交易治理宏观结构、微观具体交易的整体性方案，可以模拟分析现有项目交易治理决策方法忽视或不能进行计算分析的，与治理相关的激励、道德风险、敲竹杠风险对工程项目绩效的影响，可以帮助工程管理者预测各种工程项目交易治理方案下项目可能的绩效，指导和帮助管理者设计更加符合业主需求的项目交易治理方案，还可以通过比对不同工程项目交易治理安排的绩效差异，识别所选治理方案面临的主要风险，有针对性地制定相应的管理策略，有助于降低工程项目治理风险，实现工程项目目标，提升工程项目治理效率。

1.4 研究的逻辑结构和研究内容

1.4.1 逻辑结构

项目交易治理计算具有一定的复杂性和难度。这主要是由于：①计算实验方法还没有形成一套完整的理论与方法体系，以及实现框架；②项目生产交易系统具有复杂性特征，即系统要素多，要素关系复杂，缺少一个成熟的项目交易治理理论。

本研究结合系统的机理法建模思想，以及 Agent 建模与仿真理论、方法和实现框架（汪应洛，2008；廖守亿，2015；North、Macal，2007），明确了研究逻辑结构。

（1）首先，研究工程项目交易治理机制，这是工程项目交易治理计算的理论问题，可以看作是工程项目交易治理计算研究的子问题一。研究机制需要分析客观世界工程项目交易治理系统的主要构成要素、要素属性或是维度、要素间的关系、要素与项目绩效的关系。本研究主要借助于交易成本经济学、代理理论、嵌入性理论、关系合同理论研究项目交易治理机制。

（2）其次，在理清工程项目交易治理机制的基础上，从 Agent 建模视角构建工程项目交易治理计算概念模型，包括模型输入、模型输出，以及仿真模拟的机理。工程项目交易治理计算概念模型可以看作是治理计算研究的子问题二。

（3）再次，确定治理计算实现路径，基于程序开发将治理计算概念模型实现为可计算模型。治理计算实现可以看作是工程项目交易治理计算研究的子问题三。

（4）接着，验证模型有效性。这是工程项目交易治理计算研究的子问题四。

（5）最后，基于工程项目交易治理计算平台研究交易治理设计与决策，并开展应用研究。

内容（1）客观描述世界，内容（2）（3）（4）和（5）与高度抽象的仿真模型或仿真系统有关，通过建构虚拟世界，与客观世界形成映射关系。研究内容及其逻辑关系如图1.1所示。

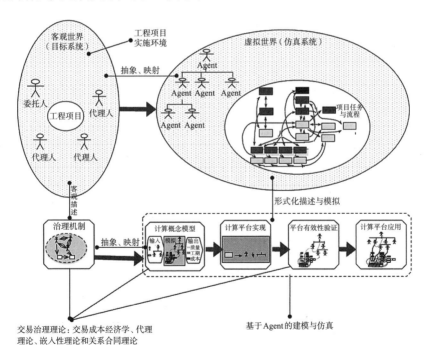

图1.1 主要研究内容的逻辑关联

1.4.2 研究内容

1）工程项目交易治理机制研究

本部分研究是整个课题研究的基石。通过系统性回顾工程项目交易模式设计所考虑的因素，梳理工程项目生产交易系统主要构成要素、要素关系，基于交易成本经济学、代理理论、嵌入性理论、关系合同理论及相关研究分析系统要素的属性或维度、要素的作用关系、要素涌现项目绩效的机理，构建工程项目交易治理概念模型，为治理计算提供理论基石。

2）工程项目交易治理计算概念模型构建

从Agent建模和仿真的视角，对工程项目交易治理系统的关键要素和要素变量进行提炼、整合、约减以构建仿真模型，对要素交互进行模拟仿真。工程项目交易治理计算概念模型包括计算模型的输入、生产交易行为仿真模拟，以及结果输出。

3）工程项目交易治理计算实现

分析治理计算实现路径——封闭模型和开放平台的优劣势，选择开放平台。基于治理计算概念模型，设计治理计算平台的模块、积木、积木属性、积木交互关系、结果输出，通过程序开发实现治理计算平台。

4）治理计算平台有效性验证

回顾仿真模型有效性验证方法，确定治理计算平台有效性验证内容。通过细小实验、综合实验开展治理计算平台实验验证；利用相关理论研究结论与实证研究结论，以及对专家进行半结构化访谈所获取的信息，作为实验验证的参照系，以校核治理计算平台的行为矩阵。

5）基于治理计算平台进行治理设计与决策研究

提出基于治理计算平台的工程项目交易治理计算实验设计与决策方法；开展案例研究。

1.5 研究方案与技术路线

1.5.1 研究方案

基于上述研究范围和内容的界定，拟采取的研究方案及研究方法如下：

1）文献研究

通过文献研究，梳理交易治理相关理论、工程项目交易治理决策相关研究，系统分析工程项目交易治理系统构成主要要素、要素作用关系，以及项目绩效涌现机理，以构建工程项目交易治理概念模型，进而能够较系统、较全面的阐释工程项目交易治理机制。

通过文献研究，梳理仿真模型有效性验证方法，确定工程项目交易治理计算平台有效性验证的内容；梳理交易治理相关理论、工程项目交易治理模式绩效对比研究结论，作为项目交易治理计算平台有效性验证的参照系。

2）调查研究

通过专家访谈，获取相关信息和启示，完善仿真模型的关键要素，最终确定工程项目交易治理计算模型输入、仿真机理和仿真输出；通过专家访谈，获取相关信息校核模型的行为矩阵参数。

3）计算实验

根据已有项目交易治理模式定性研究、定量研究，以及访谈数据，开展细小实验、综合实验以校核行为矩阵，验证工程项目交易治理计算平台的有效性；基于工程项目交易治理计算平台设计工程项目交易治理方案，进行应用研究。

1.5.2 技术路线

根据研究背景、研究问题、逻辑结构、研究内容和研究方案，本文的技术路线如图1.2所示。

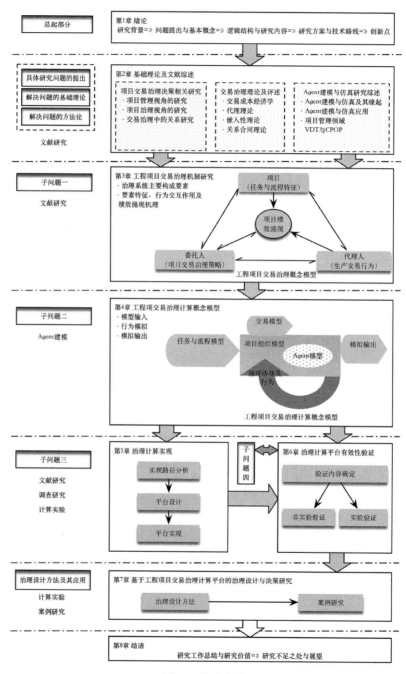

图1.2 技术路线

1.6 研究的创新点

1）理论研究方面

现有的工程项目治理理论大多基于交易成本经济学、代理理论来分析工程项目交易的宏观结构治理（如发包方式）和微观具体交易治理（如支付方式）。由于这些交易理论有着不同的研究假设和研究边界，只是从某个层面理解工程项目交易治理，并不能系统和全面的理解工程项目交易治理系统。本文综合交易成本经济学、代理理论、嵌入性理论、关系合同理论，构建了工程项目交易治理概念模型，较系统、较全面地厘清了工程项目交易治理机制，为工程项目交易治理决策、治理计算提供了理论基础。

2）工程项目交易治理决策方面

当前，工程项目交易治理决策主要是基于经验、简单定性分析、多属性决策分析等方法，且仅能单独分析工程项目交易治理的宏观结构（如发包方式）或是微观具体交易（如支付方式）的治理设计。这些决策分析方法无法给出一个系统性的完整治理方案，也不能系统分析工程项目交易治理相关的激励、道德风险和敲竹杠风险对项目绩效的影响，因而存在较大的应用局限性。本研究基于Agent建模与仿真方法，开发工程项目交易治理计算平台，现实了工程项目交易治理的可计算，将工程项目交易治理—微观行为—宏观绩效结合起来，可以对一个整体性的治理方案进行综合分析，包括宏观结构的任务流程结构、项目组织关系结构、管理结构安排，微观具体交易的合同完备性、合同支付方式、监管、关系安排。

3）工程项目组织仿真方面

最具代表性的工程项目组织仿真模型是美国斯坦福大学Levitt教授团队开发的虚拟设计团队模型（Virtual Design Team，简称VDT）和同济大学陆云波副教授团队开发的可计算项目组织与流程模型（Compatational Project Organization Process，简称CPOP）。这两个模型都将工程项目组织假设为科层组织，工程项目交易治理计算模型还原了工程项目组织作为临时性组织的本质，即交易合同将项目参与主体联系起来共同实施项目。工程项目交易治理计算研究基于生产技术和交易的综合性视角，从任务流程结构、项目组织结构、管理结构、合同、关系、监管计算模拟项目交易治理策略对组织行为、项目绩效的作用机制，拓展了工程项目组织仿真、交易治理的研究视野。

第2章 基础理论与相关研究

从项目交易治理决策、交易治理相关理论、Agent建模与仿真三个方面对现有文献进行研究和述评。项目交易治理决策研究综述包括传统项目管理视角下的项目交易治理研究、项目治理视角下的项目交易治理研究、项目交易治理中的关系研究；交易治理相关理论综述包括交易成本经济学、代理理论、嵌入性理论、关系合同理论；Agent建模与仿真研究综述包括Agent建模与仿真方法及其起源、Agent建模与仿真方法的应用现状、项目研究领域中代表性Agent模型VDT和CPOP。

2.1 项目交易治理决策相关研究

在项目研究领域中，项目管理和项目治理是不同范畴的概念，但是时至如今，它们仍被学者们混为一谈（沙凯逊，2013）。项目交易模式，或称为项目交付方式，或称为采购方式，包括了发包模式、合同策略等，是传统项目管理研究的重要内容，实际上，这些内容属于治理的范畴。

项目治理通过制度安排来协调利益相关方利益，以保证项目顺利实施、目标实现，其层次比项目管理高（Du、Yin，2010）。项目治理按照项目本位、企业本位区分为两大流派。前者将项目治理纳入企业治理的范畴，关注于项目组合与企业目标的匹配，通过项目治理保证企业战略目标的实现以及企业成功；后者认为项目治理关注于项目组织中项目参与方之间的交易关系，以项目交易成本降低为目标，通过匹配治理结构以实现项目成功（严玲等，2016；Miller、Hobbs，2005）。这两大流派是对不同类型项目的治理，这两种类型项目的根本区别在于项目与其发起者之间的关系：一种是组织内关系，一种是组织间关系。项目治理的核心在于处理好有关各方的权责利关系，关系的性质不同，使得治理机制、治理方式存在差异。

Ⅰ型项目处于企业之外、市场之中，而Ⅱ型项目处于科层组织中。以建设项目为代表的Ⅰ型项目出现的时间要比Ⅱ型项目早一个多世纪，但是，主流项目管理的理论和方法更多的关注于技术管理，对组织间关系考虑不足，其隐含假设了项目管理的科层模式。

项目交易治理协调项目实施过程中来自于不同企业组织的市场参与主体，是项目治理的重要内容。

项目治理研究发端于1984年，并于近十余年来成为项目理论研究领域的热点，我国学者对项目治理研究较晚，始于21世纪之初。2000年，我国政府投资体制改革，面对政府投资项目绩效低下问题，提出了适用于我国特定制度情景的模式——代建制。王华、尹贻林（2004）基于公共治理理论、公司治理理论构建了具有多重委托代理关系的公共项目治理概念模型。之后，从激励视角提出委托代理问题解决方案（尹贻林等，2011）。

早期的合同研究将风险过度转嫁给了承包商，引发了一系列代理问题。近年来，风险分担已成为项目治理的一个重要内容，尤其是关于PPP模式、BOT模式、BT模式下的风险分担机制的研究。通过风险分担匹配项目剩余控制权以抑制代理人机会主义行为，实现项目投资控制目标。此外，关于BOT模式的特许期设计也已经从单纯的技术决策转变为体现治理思想的公私部门博弈和协调研究（严玲等，2016）。

基于新制度经济学研究范式，沙凯逊认为项目治理是从制度层面去解决"动机"问题。项目作为以合约缔结的临时性多边组织，项目治理应由企业本位转变为项目本位，构建了包括"客户""设计方""施工方""控制方"的（1+3）C建设项目治理结构，该治理结构下又细分为基于委托代理关系的垂直治理和基于联盟博弈的水平治理。

Du、Yin等（2010）认为项目治理的本质是交易关系中的激励问题。项目治理的目标是以多样化的治理机制激励代理人，提高其积极性，通过"治理（G）→管理（M）→管理绩效（P）"的绩效改善路径，实现资源整合、成本节约、价值创造的根本目的（Du、Yin，2010）。丁荣贵等（2013）认为项目治理是要解决跨组织项目管理面临的资源获取、配置、使用规则等问题，项目治理的内容包括项目目标设定、目标实现方式界定、项目管理过程的监控等。当前，大量的学者研究项目治理中的契约治理、关系治理，利用结构方程模型，通过相关量表开发测度治理要素对项目绩效的作用关系。国内学者大多基于"项目治理–项目绩效"的分析范式，论证完全理想假设下项目治理带来项目绩效改善。

此外，不论是传统项目管理研究，还是项目治理研究，目前都密切关注关系问题。

2.1.1 传统项目管理视角下关于项目交易治理的研究

传统项目管理视角关于项目交易治理的研究主要是围绕项目交易模式的研究，包括发包方式、合同策略等（Love et al.，1998；Mafakheri et al.，2007；陈勇强等，2010）。发包方式的研究关注于项目交易治理的宏观结构，包括项目的整体或是分解发包、项目组织结构、项目任务流程安排。合同策略研究关注于具体交易的合同安排，注重于项目治理的微观层面。可以说，传统项目管理视野将项目交易模式区分为宏观结构和微观交易两个层面。

2.1.1.1 项目交易治理的宏观结构与微观交易

由于涉及大量的交易，项目交易治理可以区分为宏观结构治理和微观交易治理。宏观结构治理与多合同结构紧密相关，包括发包模式和管理方式。微观交易治理是指项目具体交易的安排，主要包括合同授予方式、合同完备性和合同支付方式。其中，微观交易安排是宏观发包模式治理的基础，宏观结构发包模式治理影响了具体交易的安排。

1.项目交易宏观结构治理

项目交易的宏观结构治理对交易标的物的组织方式进行安排，涉及项目切分、发包和实施,具体为发包模式、管理方式。下面系统阐述发包模式与管理方式的种类、特征及其优缺点。

1)发包模式

经过近200年的工程实践,工程建设领域发展出了大量的工程项目发包模式,项目发包的范围也从设计、施工、管理拓展到工程运营和维修,还涉及融资的PPP模式等(Miller,1997;Cox、Townsend,1998;Pietroforte、Miller,2002;Simth,2003;王卓甫等,2010)。涉及融资的治理模式与其他模式显著不同,本书针对工程项目交易治理计算的研究将研究范畴界定在DBB、DB、CM at risk等治理模式,不涉及PPP交易治理模式。

传统项目交易模式中的关系(Arm-length relationship)常常导致项目实施的低效率。针对这一问题,近年来出现了项目合作伙伴(Project Partnering)、项目联盟(Project Alliancing)、项目集成交付(Integrated Project Delivery)等关系型发包模式,提高了项目实施效率(Lahdenperä,2012)。

不同的发包模式有着不同的组织安排与流程安排,且各有优缺点。下面就DBB、DB、MC、CM、关系型等主要发包模式展开讨论。

(1)DBB模式

DBB(Design-Bid-Build)模式是传统的工程发包模式。DBB模式下,设计、采购、施工活动顺序展开,设计和施工任务交由不同的企业来完成。根据施工任务的发包差异,DBB模式又分为施工总承包模式和平行承发包模式。施工总承包模式是传统的DBB模式,该模式将全部施工任务打包成一个合同发包给一个施工单位或是施工联合体。采用施工总承包模式时,项目组织、设计—施工组织方式简图分别如图2.1和图2.2所示(Pena-Mora、Tamaki,2001;乐云、李永奎,2011)。平行承发包模式是搭接的DBB模式,该模式下业主按照一定的原则将建设工程项目对象进行分解,将设计任务分别委托给不同的设计单位,将施工任务分别发包给不同的施工单位,业主分别与各个设计单位、施工单位签订相应的设计合

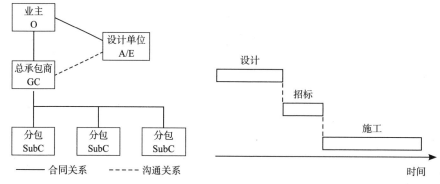

图2.1 施工总承包模式的项目组织简图　　图2.2 施工总承包模式的设计—施工组织方式

同、施工合同(乐云、李永奎,2011)。

DBB模式的优点:业主可将需求直接明确地告诉承包商;业主在项目施工前就能够得到一个较明确的合同价格;施工承包商承担施工过程的主要风险(王卓甫等,2010;Tenah,2001);业主对施工过程和最终产品的治理具有高度控制权(王卓甫等,2010;Fahmy,2005);管理方法较成熟,项目参与各方对相关程序都很熟悉(陈柳钦,2005)。建筑师/工程师与承包商作为两个独立实体相互检查和制衡,有利于工程质量(王卓甫等,2010;Fahmy,2005)。

DBB模式的缺点:建设周期长;易造成工期失控;争议、索赔、变更多;有经验的承包商没有机会参与设计阶段的工作(王卓甫等,2010;Tenah,2001;Fahmy,2005;陈柳钦,2005);设计的可建造性差;业主管理费用高(陈柳钦,2005)。

(2)DB模式

DB模式译为工程总承包模式,或是项目总承包模式,是由传统DBB模式变革而来的。DB模式下,业主将设计和施工任务交由一家单位实施完成,只与其签订一个合同。DB模式实现了设计与施工任务的组织集成,促进了设计和施工的紧密结合,有利于工程价值增值。采用DB模式时,项目组织简图、设计—施工组织方式分别如图2.3和图2.4所示

(Pena-Mora、Tamaki，2001；乐云，2004；乐云、李永奎，2011）。采用DB模式时，可以选择初步设计阶段，或是技术设计阶段发包项目（乐云、李永奎，2011）。

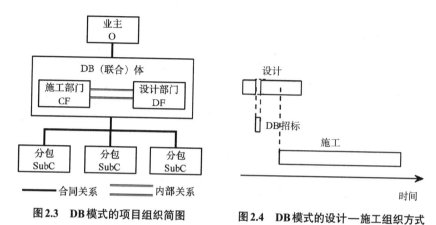

图2.3 DB模式的项目组织简图　　图2.4 DB模式的设计—施工组织方式

DB模式的优点：业主获得的产品和服务由单一的合同方负责；业主不需要为设计错误或是遗漏负责；便于采用快速路径法实施项目；便于承包商、供应商早期介入项目（王卓甫等，2010；Fahmy，2005）；有利于降低项目成本；改善了设计的可建造性；减少了工程变更和索赔；缩短了工期（Songer、Molenaar，1996）；减少了业主的工作量（Tenah，2001）。

DB模式的缺点：业主对设计过程的控制能力降低；DB总承包商可能为了控制成本而降低质量标准；设计方不再像传统模式那样代表业主的利益对建设过程进行监控，由此业主丧失了设计方和施工方作为两个独立实体之间的相互制衡（Tenah，2001；Fahmy，2005）。

（3）MC模式

MC（Managing Contractor）模式可译为施工总承包管理模式（乐云，2004）。MC模式下，业主与某个具有丰富施工管理经验的单位或联合体签订管理发包协议，由其负责整个工程的施工组织与管理。通常情况下，MC单位不参与具体工程的施工，而是将工程实体再分包，把具体施工任务委托给各分包商来完成（乐云，2004）。相较于平行承发包模式，MC模式下的施工总承包管理单位管理和协调所有分包，还包括了所有分包合同的招标、合同谈判以及签约工作，业主只做最后批准工作，从而大大减轻了业主的合同管理和组织协调工作。相较于施工总承包模式，MC模式下的施工总承包管理单位招标不依赖于完整的施工图，从而可以将招标工作大大提前。此外，MC单位将工程实体化整为零，分别发包，即施工图完成一部分，招标一部分，施工一部分，设计未完全结束，工程就开始施工，工程开工时间大大提前，从而缩短了建设周期。对于投资控制来说，由于工程实体各部分都是在该部分施工图完成后再进行招标，合同价格确定较有依据。有时，MC单位会承担部分工程施工，这时，它也必须参加该部分工程的投标，招标工作则转由业主负责（乐云，2004）。MC模式的项目组织简图和设计—施工组织方式分别如图2.5和图2.6所示。

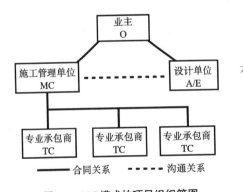

图2.5　MC模式的项目组织简图

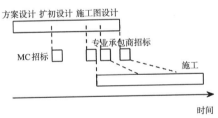

图2.6　MC模式的设计—施工组织方式

（4）CM模式

CM（Construction Management）模式是20世纪60年代后期业主为了降低通货膨胀风险而迫切要求缩短工程建设周期的背景下发展起来的一种模式。该模式下，业主委托CM单位以一个承包商的身份，采取有条件的"边设计、边施工"，即"快速路径法"的生产方式，来进行施工管理，直接指挥施工活动，在一定程度上影响设计活动，设计—施工组织方式如

图 2.7 所示（乐云、李永奎，2011）。

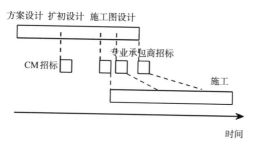

图 2.7 CM 模式下的设计—施工组织方式

根据 CM 单位是否直接与分包商签订合同，CM 模式分为代理型 CM 模式和风险型 CM 模式，其组织结构简图分别如图 2.8 和图 2.9 所示（Pena-Mora、Tamaki，2001；乐云，2004）。代理型 CM 是以"业主代理"的身份实施项目，CM 单位不负责工程分包的发包，业主与分包商签订合同。风险型 CM 是以承包商的身份实施项目，直接进行工程分包，并与分包商签订分包合同。

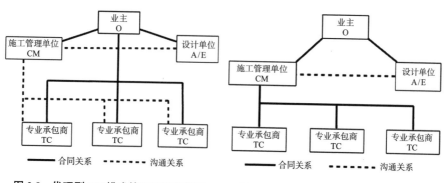

图 2.8 代理型 CM 模式的项目组织简图　　**图 2.9 风险型 CM 模式的项目组织简图**

CM 模式的优点：便于采用"快速路径法"，可以大大缩短建设周期；改善了设计的"可建造性"（Tenah，2001；Fahmy，2005；陈柳钦，2005）。

CM 模式的缺点：选择一个理想 CM 单位/经理是一件很难的工作；

可能导致项目成本增加（Tenah，2001；Fahmy，2005；陈柳钦，2005）。

（5）关系型发包模式

当前国际上流行的关系型发包模式主要包括项目合作伙伴模式、项目联盟模式、项目集成交付模式（Hauck et al.，2004；Lahdenperä，2012）。关系型发包模式下良好的商业关系会促进参与方间的相互信任、知识共享，能够带来创新，降低计划失效、预算超支的风险，提高工程质量（Rahman、Kumaraswamy，2004；Wong、Cheung，2004；Forbes、Ahmed，2010）。

（6）项目集成交付模式

项目集成交付模式（Integrated Project Delivery）是一种新型交付模式。该模式被认为是一种可能改变未来项目构思、设计、发包、施工和运营的一种交付方式。采用项目集成交付模式的一个重要的信念和理由是：这种模式可以有效解决采取其他项目交付方式面临的诸如项目参与方缺乏充分合作、成本超支严重、建筑不够可持续、设计和施工错误等问题。根据美国建筑师学会的定义，项目集成交付作为一种项目交付方式，在设计、制作和施工各个阶段，将人员、体系、企业结构和实践进行协作整合，充分利用所有参与方的才智，优化项目结果，为业主增加价值、降低浪费、最大化效益。项目集成交付最基本的特征是集成交付利益相关方和参与方整合成一个力量，且有一个共同的目标，并聚焦于项目目标而非个人目标的实现（CSI，2011）。

2）管理方式

项目的管理方式可分为自主管理、委托管理、自主管理+委托管理三种。自主管理是指业主完全依靠自己的管理人员和资源来管理工程项目。委托管理是业主将管理任务委托给项目管理公司管理项目，根据管理范围的不同分为设计管理委托、施工管理委托、项目管理（涵盖设计管理和施工管理）委托。从实践来看，大多数工程项目采用了自主管理+委托管理的混合管理模式（王卓甫等，2010；洪伟民等，2007；李慧敏、王卓甫，

2012；Chan et al.，2004；Gordon，1994）。

设计管理委托取决于业主采用的设计管理模式。设计管理模式主要有：设计单位代业主或设计总包代业主模式、弱化的设计单位+设计单位设计总包模式、业主（或业主代表）+总体设计公司+综合、专项设计公司群（+设计监理/审图公司）模式、业主+业主代表、咨询公司+综合设计、专项设计公司群模式（刘武君，2009）。

施工管理委托分为代理型CM委托、工程监理委托。代理型CM委托是业主将施工管理任务委托给代理型CM，代理型CM以"业主代理"的身份管理施工活动。工程监理委托是业主委托建设工程监理单位根据法律法规、工程建设标准、勘察设计文件、合同，控制施工阶段的工程质量、造价、进度，管理合同和信息，协调工程建设相关方的关系，履行工程安全生产管理法定职责（贾广社、高欣，2002）。工程实践中，监理主要承担安全、质量监督任务。

项目管理委托是包括设计管理和施工管理的综合委托，即国际上的PM方式。PM方式是业主通过将项目管理委托给工程项目管理公司，使其代表业主对工程项目的若干阶段或是全过程进行质量、成本、进度、安全、合同、信息等方面的管理，项目管理公司承担相应的管理责任。在国内，委托项目管理的项目管理方式又称为项目总控模式（贾广社、高欣，2002）。

2.项目交易的微观交易治理

传统项目管理将项目合同当作古典合同来进行相关安排，对关系考虑不足，本部分阐述的微观交易治理是指项目具体交易合同的制度安排，包括合同内容的安排、合同的授予方式。

合同内容包括范围、技术规范、质量、合同价格、风险分配、支付方式、免责条款、保证金等，明确规定了交易各方的权利、责任和义务（Cox、Thompson，1997；Puddicombe，2005）。合同安排主要包括合同完备性安排、风险的分配、支付方式选择和合同授予方式选择（Williamson，

1975；Ibbs、Ashley，1987；Cox、Thompson，1997；Puddicombe，2005；Gordon，1994；Turner，2004）。不同的工程项目面临的风险各异，风险分配也各不相同，而支付方式作为风险分配的一种基本方式，具有一般性。合同授予方式包括招标方式、评标方式两个方面，业主通过招标、评标确定代理人和合同价格。确定的合同价格、代理人是特定项目情景下业主与潜在代理人、潜在代理人之间的博弈结果，业主的博弈策略主要体现在风险分配（如合同完备性、支付方式）、合同援予方式。本书以工程项目交易治理计算为研究主题，对项目面临的具体风险及其分配不做深入研究，故将工程项目交易的微观交易治理归纳为三个方面，即合同完备性、合同支付方式、合同授予方式。

1）合同完备性

作为一个抽象概念，合同完备性指合同关于范围、技术规范、质量、合同价格、风险分配、支付方式等交易内容约定的明确程度。通常而言，建设工程项目面临诸多不确定性使得合同签订时部分项目需求无法确定，需要在项目实施过程中明确下来。不确定的需求和范围使得合同的价格在签订合同时也不能完全确定，还需要事后协商议价。总结来说，项目面临的不确定性使得交易合同具有非完备性特征，导致了事前无法明确所有的交易细则，还需要事后协商（Chang、Ive，2007；Williamson，1985）。

2）合同支付方式

合同支付方式多样，如单价支付、总价支付、成本加酬金支付、根据工作量核算支付、根据人员资质的成本核算支付等（Turner，2004；刘君武，2009；Von Branconi、Loch，2004）。合同支付方式因合同发包内容不同而存在差异。

对设计合同而言，支付方式主要有工作量核算、人员资质的成本核算、模糊判断法、设计奖惩法（刘君武，2009），根据工程概算及相关费率计算（国家发展计划委员会、建设部，2002）。前两种方式属于成本补偿合同，模糊判断法属于总价合同，设计奖惩法属于激励合同。

对施工合同而言，按照支付方式合同主要有单价合同、总价合同、成本加酬金合同、目标价格合同（或称激励合同）（Turner，2004；Von Branconi、Loch，2004）。

对设计—建造合同而言，通常采用总价合同，或是激励合同。这两种支付方式可以有效激励代理人优化设计，且使其充分考虑设计的可建造性，对于降低工程成本有一定积极影响。

对管理咨询合同而言，支付方式主要有人员资质的成本核算、总价合同、目标合同。风险型CM合同的支付方式是保证最大费用加酬金，该支付方式将业主的工程费用风险部分转移给CM单位，从而降低了业主的费用控制风险。

3）合同授予方式

通过合同授予方式选择出代理人，确定一个合同价格。合同授予方式包括招标方式和评标方式。

根据《中华人民共和国招标投标法》，招标分为公开招标和邀请招标。公开招标是指招标人以招标公告的方式邀请不特定的法人或其他组织投标。邀请招标是指招标人以投标邀请书的方式邀请特定的法人或者其他组织投标。根据邀请人的数量，邀请招标分为选择性招标和议标。选择性招标是邀请多个法人或其他组织投标，议标是与特定的法人或其他组织进行协商。

对设计单位选择而言，招标方式主要有直接委托、议标、"资质审定＋技术方案（设计竞赛）""资质审定＋工作计划＋报酬""资质审定＋报酬"等（刘君武，2009）。对施工单位选择而言，招标方式主要有公开招标、邀标和议标。对管理咨询单位选择而言，国际上主要采用基于"资质审定＋报酬"的方式，国内则遵循招标法的要求进行招标。

评标方式可以分为单因素评标法和多因素评标法。单因素评标法是传统的最低价中标的评标方式。多因素评标法应用更为广泛，考虑的因素主要包括经验、财务能力、技术方案、报价等。也有学者将合同授予方式分为基于低价、基于质量、基于价值的合同授予方式（Ruparathna、Hewage，2015）。

2.1.1.1.2 项目交易宏观结构与微观交易的治理决策

项目交易治理是决定项目成功的关键因素之一（Gordon，1994；王卓甫等，2010；乐云、李永奎，2011；陈勇强等，2010）。当前，工程实践领域，业主在选择项目交易治理模式时通常是基于过往的成功模式（Miller et al.，2009），部分业主基于专家顾问的倾向性认识或是偏见性经验，还有一些业主基于过度简化的案例经验，这些案例经验仅考虑了项目特征，而未综合考虑项目特征、业主特征、业主目标偏好（Griffith、Headely，1997；王学通、王要武，2010）。这些项目交易治理决策方法限制了创造更大经济效益和降低风险的可能性（Miller et al.，2009）。因此，工程项目交易治理决策研究依然是许多专家学者关注的一个重要内容（洪伟民等，2007）。

项目交易治理决策包括了发包方式、管理方式、合同完备性、合同支付方式、合同授予方式等维度的治理决策。

1. 发包方式决策

发包方式决策方法主要包括基于定性分析的决策方法、基于判别分析的决策方法、基于量化分析的决策方法，量化分析主要包括定量化多属性决策、回归统计分析、计算机建模与仿真分析。

1）基于定性分析的决策方法

基于定性分析的决策方法是基于实践经验和交易理论进行项目交易治理分析和决策。

Gordon（1994）基于工程项目特征、业主特征、市场特征、风险等因素构建了工程项目交易模式决策模型，交易模式决策流程如图2.10所示。

Turner、Simister（2001）基于工程项目发包模式相关的交易成本、支付方式对生产成本的影响，即支付方式对目标一致性、机会主义规避问题

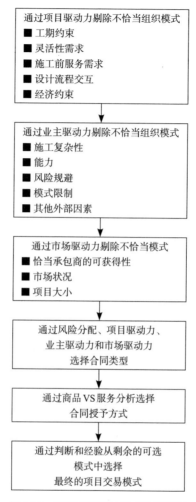

图2.10 工程项目交易模式决策流程

的影响，构建了一个工程项目发包模式及主合同支付方式决策模型，如图2.11所示。Turner、Simister认为工程合同应构建一个合作性组织，目标的一致性、机会主义防范非常重要，并进一步从商业文化、商业挑战视角提出了一个工程交易模式决策模型如图2.12所示。

在Turner、Simister（2001）研究基础上，Turner（2004）进一步发展了工程项目交易模式决策模型。Turner认为工程项目交易存在的合同不完备

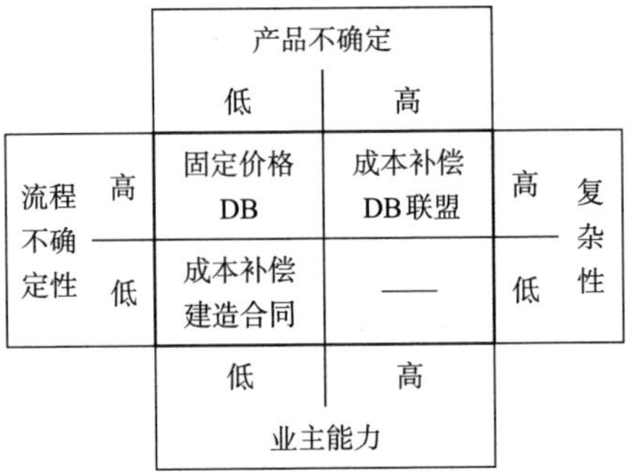

图 2.11 工程项目交易模式决策模型 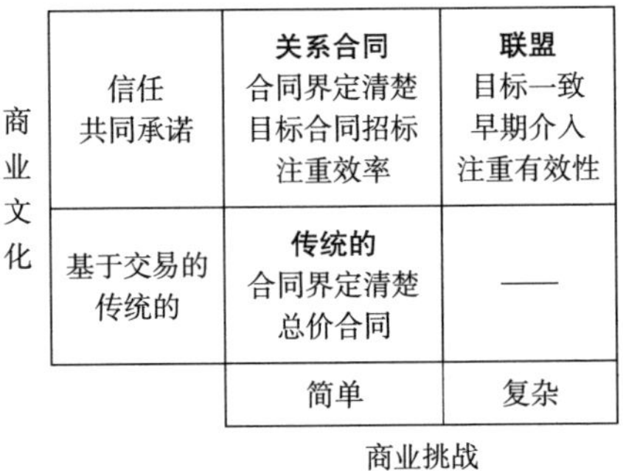　　图 2.12 三种工程项目交易模式的决策模型

性需要从激励承包商以及灵活性和远见的治理两个方面入手，激励承包商可降低生产成本以实现业主目标，灵活性、远见的治理能最小化交易成本。为此，他提出了一个基于风险分配、不确定来源、复杂性程度三个方面来考虑的工程项目发包模式+主合同支付方式决策模型，如图 2.13 所示。

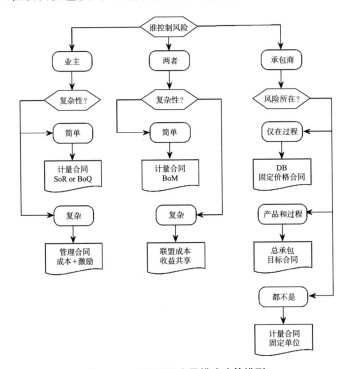

图 2.13 工程项目交易模式决策模型

孟宪海（2007）根据工程项目目标维度归纳总结了传统合同、CM管理合同、MC管理合同、设计管理合同、设计建造合同模式的适用性，如表2.1所示。在模式适用性问题上，孟宪海（2007）进一步从业主介入工程程度多少、业主在施工过程中变更要求、工程建设速度、不确定性角度分析了工程发包模式的选择问题，业主要求介入工程程度最多时应选CM管理合同，介入最少时应选传统合同，设计建造合同业主介入工程程度居中；适应业主变更要求能力最强的模式是CM管理合同，最弱的是设计建造合同，传统合同居中；工程建设速度最快的是CM管理合同，传统合同最慢，设计建造合同居中；价格最确定的模式是设计建造合同，最不确定的模式是CM管理合同，传统合同居中。在风险承担方面，CM管理合同、MC管理合同、传统合同、设计建造合同、EPC/交钥匙中，依次是业主承担主要风险到承包商承担主要风险。孟宪海从多个角度分析了工程项目发包模式选择问题，但是，工程项目发包模式选择是一个多目标决策问题，其并未做进一步分析。

根据工程项目目标，不同发包模式的适用性　　表2.1

参数	目标	传统合同	CM管理合同	MC管理合同	设计管理合同	设计建造合同
时间	提前完工	×	√	√	√	√
成本	开工前确定价格	√	×	×	×	√
质量	高水平的设计和施工过程	√	√	√	×	×
变更	施工过程中业主变更要求	√	√	√	√	×
复杂性	技术先进或复杂性高	×	√	√	×	×
责任	单一合同责任	×	×	×	√	√
风险	业主希望转移绝大部分风险	×	×	×	×	√

注：√表示适用；×表示不适用。

2）基于判别分析法的决策方法

判别分析法是在分类确定的条件下，根据研究对象的各种特征值判别其类型归属的方法。利用判别分析法时，根据工程项目相关特征评估来判断项目应采取的项目交易模式，这需要有足够多的样本。判别分析法有一个缺陷是假定了样本项目所采用的模式都是最恰当的模式，实际上这些项目采用的模式是否恰当通常难以判断。

判别分析法在项目交易模式决策时应用并不多，Skimore、Marsden (1988) 应用判别分析法进行模式选择。

3) 基于量化分析的决策方法

基于量化分析的工程项目交易模式决策方法主要包括基于定量化多属性决策的方法、基于回归统计分析的方法、基于计算机建模仿真的决策方法。

(1) 基于多元线性回归模型的决策方法

多元线性回归模型构建于历史工程项目数据的统计与总结。用多元线性回归模型来预测拟建项目采用特定交易模式时的可能绩效，并以此作为项目交易模式决策的依据。

Konchar et al (1998) 基于351个工程项目数据（包括DB模式、DBB模式、风险型CM模式），构建了3个多元线性回归模型来预测单位成本、施工速度。Molenaar et al (1998) 基于美国的122个DB项目数据构建了5个多元线性回归模型来预测拟建工程采用DB模式时的成本增长率、进度增长率、符合预期性、管理负荷、用户满意度。模型的判定系数R^2在0.28~0.47之间，预测精度较差。Chan et al (2001) 基于19个DB工程项目的数据、53名工程项目参与人提供的信息构建了一个模型来预测项目采用DB模式时的项目工期、成本和整体项目表现。Ling et al (2004) 基于87个住宅工程项目的统计数据，分析了影响DB模式和DBB项目绩效的11个指标，并建立了DB模式和DBB模式的绩效多元回归模型，用于预测工程项目采用DB模式、DBB模式时可能的施工速度、移交速度、质量、项目成本，以此作为业主进行项目交易模式决策的依据。

总体来说，这类多元线性回归模型假设条件过于苛刻，有的预测精度较低,有的使用范围有较大限制,不适于行业推广。

(2)多属性决策方法

多属性决策是利用层次分析法、模糊数学等方法对一组(有限个)备选方案进行排序并择优。层次分析法将决策相关元素分解成目标、准则、方法等层次,在此基础上进行定性定量分析,这种方法对专家的依赖性大,主观性强。后一种方法运用模糊理论中模糊数来表达人们的模糊认知,使决策更加合理(徐玖平、吴巍,2006)。

Alhazmi、McCaffer(2000)构建了一个工程项目交易模式决策模型。该模型通过四步筛选法,即可行性排序、对比评估、权重评估、层次分析,最后得出一个最恰当的工程项目交易模式。该决策模型最大的缺点是并未对模式决策参数或是标准进行解释。Cheung et al.(2001)、Ng et al.(2002)等也利用多属性决策相关方法研究了工程项目交易治理模式决策问题,采用的具体方法及考虑的因素如表2.2所示。

利用多属性决策方法选择工程项目交易治理模式的本质是对考虑因素的优先级进行排序,采用这种方法进行项目交易模式决策所考虑的因素不尽相同。这种方法存在一个缺陷是未考虑因素之间的相关性。

工程项目交易模式决策方法及其考虑的因素 表2.2

学者	选择方法	考虑的因素
Alhazmi、McCaffer(2000)	AHP	成本、工期、质量、基本需求、项目特征、市场特征、承包商需求、业主类型、业主设计组织、规章
Cheung et al(2001)	多属性决策	速度、确定性、灵活性、质量水平、复杂性、风险规避、价格竞争性、责任
Ng et al(2002)	模糊决策	速度、复杂性、灵活性、责任、质量水平、风险分配、价格竞争性、时间确定性和价格确定性
Al Khalil(2002)	AHP	工程特征(包括范围界定、工期、价格、复杂性)、业主需求(可建造性、价值工程、合同分解、预算、其他)、业主偏好(责任、设计控制、参与度)
Mahdi、Alreshaid(2005)	AHP	业主特征、工程特征、设计特征、管制政策、承包商特征、风险、索赔和纠纷

续表

学者	选择方法	考虑的因素
Oyetunji、Anderson（2006）	多准则决策	成本增长率控制、保证最低成本、延缓或是降低支出、有利于早期确定成本、降低风险或将风险转移给承包商、控制工期延误、确保工期最短、有利于提前采购、有利于变更、变更少、保密性、熟悉的工程条件、最大化业主的控制角色、最小化业主控制的角色、最大化业主参与程度、最小化业主参与程度、有利于范围确定、有效实施合同未明确约定部分、最小化发包数量、有效协调工程复杂性或是创新
Chan（2007）	模糊数学	速度、灵活性、责任、复杂性、风险分配、价格竞争性、质量
Mafakheri et al（2007）	多准则多层次决策	成本、工期、质量、复杂性、价值工程、经验、风险、变更、独特性、外部审批、文化、财务保证、工程大小
王卓甫等（2010）	改进AHP	工程经济属性、工程规模、工程复杂程度、子工程施工干扰度、业主对投资控制要求、业主对工期控制要求、业主对风险偏好、业主建设管理能力、业主对管理方式偏好、征地－拆迁－移民、施工现场条件、国家和地方政策法规、建筑市场发育程度
Love et al（2010）	参与式行为研究方法	速度、工期确定性、成本确定性、价格竞争性、灵活性、复杂性、质量、责任和风险

（3）基于计算机建模与仿真的决策方法

利用计算机建模与仿真方法选择工程项目交易模式的研究相对较少，Gil et al.（2004）利用计算机建模与仿真技术对替代性工程交易模式进行理论性比较研究。该研究对工程项目交易过程，包括设计、采购、施工以及重点变更等关键任务与决策进行模拟。利用该模型可以对替代性工程项目交易模式的经济性进行比较，有助于项目交易模式选择的科学性。但是，该模型并未考虑质量问题，并未对大规模的替代性工程项目交易模式进行充分考虑和比较，对生产交易行为考虑不充分。

2.管理方式选择

管理方式的选择主要基于两方面的考虑：一是自身管理资源和管理能力；二是结构性嵌入安排。

自主管理要求对业主管理人员的技能、经验和数量有一定的要求，一般来说，采用自主管理方式，业主的组织机构比较庞大，工程管理费用高。

委托管理可以借助外部专业管理机构补充业主的管理能力，另外，委托管理方式构建了项目组织的三边治理关系，有助于提高工程项目组织的结构性嵌入，促进了承包商的合作性行为，有助于规避双边一次性交易关系治理所导致的囚徒困境现象（Reve、Levitt，1984）。

3.合同完备性安排

工程项目面临较大的不确定性，项目合同具有天然的不完备性特征。合同完备性安排与工程发包方式、业主对成本和工期目标的偏好有关。

发包方式极大影响了施工合同完备性。设计—施工任务流程组织采用搭接方式，且设计任务、施工任务分别发包时，设计通常来说是不充分的，因此，施工合同完备性较低，施工过程中面临较多设计变更和较多的事后协商议价。设计—施工任务流程组织采用顺次方式，且设计任务、施工任务分别发包时，施工合同完备性高，施工过程中面临的设计变更少，事后协商议价少。

业主对成本和工期的偏好影响了合同完备性。业主对进度有较大偏好时，会尽可能的提前开工，进而使合同完备性程度安排较低。业主对成本有较大偏好时，会通过制定一个高完备性合同来尽可能地降低不确定性，进而降低代理人事后敲竹杠风险，从而确保获得一个较低的工程价格。高完备性合同虽然可以一定程度上防范代理人的机会主义行为，但是，也增加了合同条款，增加了与谈判、合同编制相关的事前交易成本，增加了合同监管和执行相关的事后交易成本（Aderson、Dekker，2005；Dyer、Chu，2003；Scott、Triantis，2006；Mooi、Ghosh，2010）。在不确定性环境下，高完备性合同还会造成合同的不适应性问题。因此，合同完备性安排需要权衡合同的激励效率和合同的适应性效率，需要权衡成本降低的事前激励和事后敲竹杠风险，这一方面还有待深入研究（Bajari、Tadelis，2001；Lumineau、Quélin，2012）。

4. 合同支付方式安排

合同支付方式确定了代理人报酬的计算方式，对其生产行为有显著的激励效应，进而影响了工程产品的质量、工程造价（Levitt、March 1995；Gopal、Koka，2010）。

确定合同支付方式，及其恰当性，需要考虑合同完备性（Crocker、Reynolds，1993）。合同完备性与项目的不确定性、复杂性密切有关。当技术和经济不确定水平较低时，合同较明确，可以将合同进行高完备性安排。当外部条件复杂、不确定性因素较多时，很多内容在合同签订时是无法明确的，因此，合同完备性安排通常较低。

总价合同一般要求投标人按照招标文件要求报一个总价，在这个价格下完成合同规定的全部工程。总价合同要求设计具有足够的深度，对发包工程的详细内容以及相关经济技术指标都必须一清二楚，否则承发方双方都有蒙受一定经济损失的可能（乐云、李永奎，2011）。总价合同分为固定总价合同、变动总价合同。固定总价合同以图纸规定、规范为基础计算价格，合同总价固定不变。承包商在报价时就估计了可能导致费用上升的所有因素，并将可能增加的费用包含在合同价格之中。合同总价仅在设计和工程范围发生变动时，才做出相应调整。当项目的技术不确定性、经济不确定性相对较低时，通常采用固定价格合同。变动总价合同一般以图纸及规定、规范为基础，按时价计算价格。合同总价不仅随设计和工程范围的改变而变化，当通货膨胀增加工料成本时，合同价格也要作相应调整。变动总价支付方式下，业主承担了通货膨胀等不可预见因素导致的成本增加风险。

基于交易成本理论，Bajari、Tadelis（2001）研究了合同完备性安排对关于成本降低的激励和关于事后协商交易成本的合同不完备性之间的权衡，如表2.3所示，他们指出复杂工程项目应采用成本补偿合同。乐云、李永奎（2011）也认为在工程外部条件复杂、工期长、不确定性因素较多的工程项目，宜采用成本加酬金合同或是目标价格合同。采用施工总承包管理模式、CM模式的管理合同通常也采用成本加酬金或是目标价格合同（乐云、李永奎，2011）。当准备发包的工程项目内容、技术经济指标不能像采用总价合同那样可以明确、具体的规定时，宜采用单价合同。单价合同分为固定单价合同、变动单价合同。采用固定单价合同时，无论发生了何种事件导致价格增加也不对单价做调整，这种支付方式适用于工期、工程变化幅度不太大的工程。采用变动单价合同时，合同双方先约定一个估计的工作量，事先约定当实际工程量发生多大范围的变动时单价做相应的调整；也可约定当通货膨胀达到一定程度或国家政策发生变化时可以对工程内容的单价做相应调整（乐云、李永奎，2011）。

固定价格合同和成本补偿合同对比　　　　表2.3

	固定价格	成本补偿
风险主要分配给	承包商	买方
对质量的激励	低	高
监管	少	多
有利于最小化	成本	进度
合同详细程度	高	低
变更灵活性	低	高
敌对关系	高	低

另外，Turner、Simister（2001）基于交易成本理论从风险角度分析了工程项目的支付方式：低风险工程，采用固定价格合同交易成本最低；中等风险工程，采用工程量清单合同交易成本最低；高风险工程，采用成本补偿合同交易成本最低。分析结论与传统工程项目管理的基本认识相吻合。

5.合同授予方式决策

合同授予方式是选择代理人的方式，其通过影响潜在代理人之间、代理人与业主之间的博弈，决定了一个合同价格并选择出代理人。实践表明，由于工程项目具有复杂性、高造价、较高的技术风险等特征，使得选择最合适的承包商来实施工程任务是实现最大工程价值的前提和保障

(Ruuska et al.，2011)。承包商选择研究包括资格审查、评标方式。

资格审查保证了潜在候选人都具有创造工程价值的基本资质。Ng(2001)基于案例推理方法确定符合资质要求的承包商，这一方法克服了资格审查过程中过分依赖个人经验和主观判断的问题。Lam et al.(2009)还利用支持向量机方法对承包商/咨询的资格进行审查。

评标方式分单因素评标法、多因素评标法。单因素评标法是传统的最低价中标评标方式。多因素评标法是一种综合评标法，其不仅考虑价格因素，还考虑技术方案、资质、经验、信誉等因素，通过综合评价诸多因素确定中标单位。当工程比较简单时，交易成本会很低，单因素评标法是一种恰当的评标方式（李建章，2005；邢会歌等，2008；交通部，2003）。通常来说，很多工程项目比较复杂，多因素评标法是更为恰当的评标方式。围绕多因素评标法，大量的学者从评价方法、代理人选择依据两个方面展开研究。从评价方法来看，Singh、Tiong(2005)基于模糊决策方法选择承包商，EI Asmar et al.(2009)利用蒙特卡洛模拟方法选择联盟团队，EI Asmar et al.(2010)利用定量化方法选择DB团队。从代理人选择依据来看，Singh、Tiong(2006)确定了承包商选择的六个主要标准：公司基本情况（包括声誉、经营态度、职业健康和安全记录）、业绩（用来评估承包商的专业能力）、财务能力、预期绩效、拟实施工程组织的技术管理能力、投标价格，Xia et al.(2013)研究指出DB承包商选择应从价格、经验、技术方法、管理方法、资质、进度计划、过去的经验、财务能力等进行考量。

此外，许多政府采用了基于价值（Value for money）的代理人选择方式(Touran et al.，2008)。对于私人业主来说，常采用议价方式，此时选择承包商需要考虑的因素主要有以往的合作经历、声誉、资质（Li et al.，2014)。李建章(2005)结合交易成本研究最优合同授予方式时指出，存在交易成本时，应综合考虑价格、代理人的施工能力、施工组织管理、质量保证措施、业绩、信誉。Hoezen et al.(2010)提出了竞争性对话程序用来采购复杂性工程，竞争性对话程序可以改进标准合同文本的条款以及工程项目背景信息的真实、充分和高质量。

最低价中标评价方式并未考虑交易成本对最终成本的影响，也不能充分考虑不确定性导致的合同变更，以及由此对最终成本的影响。而多因素综合评价则能够综合考虑生产成本（合同结算价格）和交易成本，是一种使总成本最小的合同授予方式。

2.1.2 项目治理视角下的项目交易治理研究

项目治理研究正处于"项目治理丛林"阶段（张水波，2012；丁荣贵等，2012）。大多数研究还没有将项目交易治理从项目治理研究中区分出来。学者在研究市场交易范畴项目治理时采用了不同的称谓，如外部治理（杨飞雪，2004）、项目层面的项目治理（Biesenthal、Wilden，2014）。梁永宽（2008）对项目治理的研究本质是项目交易治理。项目治理研究的时间仅有二三十年，关于项目交易治理的研究还主要是围绕治理的概念、内涵、治理原则、项目治理案例展开，这些研究还具有碎片化和概念化的特征，缺乏交易治理的整体性解决方案。

项目交易治理研究主要包括治理解读、治理原则、治理结构、合同、关系（PMI，2013；PMI，2021；张水波，2012；丁荣贵等，2012；尹贻林、杜亚灵，2010；Muller，2009；Bekker、Steyn，2007；APM，2004；Lambert，2003）。其中，传统的项目管理领域已经对结构和合同展开了大量的研究。项目治理视角主要围绕治理解读与治理原则、合同与关系、治理结构等方面展开。

1）治理解读与治理原则

Sanderson（2012）研究了大量的重大工程项目后发现，重大工程项目绩效不佳的原因主要在于缺乏足够强力和稳定的治理体系以指导和解决意外问题、缺乏过程治理。为治理项目实施过程，Sanderson提出了项目实践导向法。

Müller et al.(2014)对项目治理进行解读,认为项目治理体现在不同治理层面的灵活性、组织层面的制度建立和权利、组织层面的结构灵活性和人的观念、人的责任与自组织。Klakegg et al.(2008)通过案例研究解读了治理的框架、机制及其效果。Ruuska et al.(2011)通过案例对比研究后提出了当前项目治理模式应做出四个转变:从层级合同组织或层级供应链管理模式向网络组织结构的供应网络转变;在项目治理和协调机制方面,从简单地依靠价格机制和监管机制的治理模式向注重网络关系和自治的模式进行转变;在理论和实践方面,都应从多企业项目的临时性认识向项目是项目参与者长期经济利益的一部分进行转变;从狭义的将项目看作是层级管理系统向项目是一个开放的系统,项目管理镶嵌和交织在具有挑战性的制度环境中进行转变。

Garland(2009)指出当前的项目治理存在的主要问题有目标不明确、回避风险、组织结构问题,提出项目治理的四大原则:确保单方对项目成功负责、服务交付所有权决定项目所有权、确保利益相关者管理与决策活动分离、确保项目治理和组织治理结构分离。项目管理师协会提出项目治理的11条原则和4个主要要素。项目管理师协会强调项目交付的总体质量,从过程角度看待项目治理。Garland(2009)强调权力与责任的对等,从决策结构角度看待项目治理。Brady、Davies(2010)认为有效的治理需要业主承担协议框架内的风险,采用激励合同、利益保持一致。Miller、Lessard(2008)也认为治理需要对不同项目参与方的目标、利益进行总体性考虑,以应对未来可能遇到的困难和混乱局面。项目参与方目标不一致将导致项目过程、产品、目的的不适应(Turner,1999)。Turner、Simister(2001)认为设计治理结构时,使业主与承包商的目标一致,是降低代理人机会主义行为、保证项目收益的一大关键问题。

2)合同与关系

合同和关系是交易治理的两个维度(例如,Baker et al.,2002;Poppo、Zenger,2002)。很多项目管理领域的学者按照这一思想来研究项目交易治理中的合同治理、关系治理以及他们之间的关系。

关于合同治理，Pryke、Pearson（2006）利用SNA方法研究了项目交易治理中的经济激励问题；Yan et al.（2009）研究政府投资项目交易治理时，将代理人激励机制划分为内部机制和外部机制，内部激励机制包括风险分担、报酬机制，外部激励机制包括绩效评估机制、声誉机制，Du、Yin（2010）也秉承相同观点；Williams et al.（2010）对工程案例进行研究后指出激励的连续性在项目交易治理中的重要性，认为当前业主主导的财务管理模式应从业主和专业咨询主导转变为承包商主导；Guo et al.（2014）通过案例对比分析了治理结构与风险管理问题后指出，灵活的合同安排对于项目的顺利实施具有非常重要的作用。

关于关系治理，Reve、Levitt（1984）较早研究了项目组织治理问题，他们指出一次性项目采用组织的三边治理模式可以通过提高嵌入性促进合作，大大降低了项目组织双边治理模式下的高风险。Zheng et al.（2008）指出关系是需要很长时间的维护、累积才形成的，并且具有脆弱性特征。

关于合同治理与关系治理的关系，Zheng et al.（2008）利用两个项目的数据证实了关系治理与合同治理存在互补性，梁永宽（2008）的研究也得到了相同结论；尹贻林等（2011）认为关系治理和合同治理具有替代性，合同治理和关系治理需要整合。

3）治理结构

沙凯逊（2013）基于博弈理论等研究了项目治理结构。Guo et al.（2014）基于案例对比研究了治理结构与风险管理问题，其指出灵活的合同安排非常重要。Ping Ho、Tsui（2009）研究了PPP项目的交易治理设计问题，指出采用PPP模式可能会带来高额交易成本，需要考虑事前招标投标过程和事后监管机制。陈帆、王孟钧（2010）研究了PPP项目的治理问题。

2.1.3 项目交易治理中的关系研究

近年来，人们意识到关系对项目交易、项目实施、项目绩效的重要影响

(Ibbs、Ashley，1987；Galloway，2004；Kumaraswamy，2006；Puddicombe，2009；Ng et al.，2002)。越来越多的学者开始研究关系问题(Crawford et al.，2006)。良好的关系表现为信任、敞开式沟通交流、合作，有利于项目顺利实施。对关系的研究涉及信任、关系契约、合作伙伴关系、合同安排对关系的影响等方面研究(Bresnen、Marshall，2000b；Rahman、Kumaraswamy，2004)。这些研究可以归结为两方面：一方面是证实关系有利于绩效；另一方面是关系如何构建。

1) 关系有利于绩效

Scheublin(2001)认为关系能够成功实现合作的主要原因在于利润分享设想，而且从长远角度来看，注重关系意味着没有人会将成本转嫁给另一方而获利。Larson(1997)研究证实：注重关系的项目在控制成本、技术绩效、客户满意度上更胜一筹。Bresnen、Marshall(2000a)的研究也得到了类似结论：关系不仅有利于施工流程，还对项目成本、质量、工期等绩效有利。Pinto et al.(2009)研究发现对工作关系的满意度与项目绩效成正相关。可以说，关系是提高工程项目绩效，并对业主、承包商都有利的潜在重要方式(Bresnen、Marshall，2000b)。

2) 关系构建

关系构建主要包括两个方面，一是通过合同治理塑造关系；二是通过嵌入性安排构建关系。

(1) 通过合同治理塑造关系。合同治理对项目参与主体的行为具有塑造作用(Von Branconi、Loch，2004)，合同是关系构建的基石(Camén et al.，2012)。Ng et al.(2002)、Turner(2004)都指出，合同安排应注重激励，而不是竞争和价格，应注重风险的公平分担，而不是过多将风险转嫁给承包商，否则必然带来关系的敌对。Bayliss et al.(2004)通过案例研究指出，激励合同是构建合作关系最有效的工具。激励合同为双方设定了共同目标，促使承包商努力寻找更有效的方法降低成本、及时完工。Ng et al.(2002)发现缺乏灵活性的合同、不必要的监管，很容易使承包商脱离合作伙伴关系，不利于业主利益的实现。

（2）嵌入性安排。由于工程项目具有一次性特征，通常买卖双方关于项目的交易频率低，很多时候只是一次性交易，这使得项目买卖双方只进行一次博弈，从而面临囚徒困境难题。项目组织通常采用三边治理模式，通过结构性嵌入可以一定程度上规避代理人的机会主义行为，促进项目实施过程中的合作（Reve、Levit，1984）。Chow et al.（2012）在研究施工交易中的信任构建时，发现关系的网络嵌入性可以提高信任水平。Ling、Li（2012）也指出社会网络策略对关系构建、关系培育有重要作用，而且他们发现中国的企业善于利用社会网络策略。在项目交易治理中选择有良好合作经历的代理人、建立长期合作关系等策略是通过关系性嵌入保证交易顺利进行（Granovetter，1985；刘世定，1999）。

2.1.4 研究评述

综述项目交易治理设计与决策相关研究发现：

1）项目交易治理涉及宏观结构治理和微观具体交易治理，且模式众多

工程项目交易治理涉及多个合同，呈现出宏观结构治理，包括发包方式、管理方式，微观具体交易治理包括合同完备性、合同支付方式、合同授予方式等安排。

工程项目交易治理模式众多。发包方式有DBB模式、DB模式、CM模式、MC模式等；管理方式有自主管理、委托管理、自主管理+委托管理三种类型，管理委托包括设计管理委托、施工管理委托、项目管理（设计管理+施工管理）委托；按支付方式合同有单价合同、总价合同、成本补偿合同、成本激励合同等。合同授予方式包括招标方式和评标方式，招标方式有公开招标、邀标和议标，评标方式有单因素评标和多因素评标。

2）关系是项目交易治理的一个重要维度

传统的项目管理研究最初将项目合同看作是古典合同来安排，导致了关系敌对问题，严重影响了生产交易效率和项目绩效。目前，在工程管理

理论和实践中已经越来越意识到关系的重要性。项目研究领域也借鉴社会学和经济学的嵌入性理论和关系合同理论来研究项目交易治理问题。实践和研究都表明关系是项目交易治理的一个重要维度。

3）项目交易治理决策方法众多

目前已经发展出多种项目交易治理决策方法，宏观治理层面的发包方式和管理方式主要有基于经验和理论的定性分析方法、基于定量化多属性决策方法、基于统计回归方法、基于计算机模拟方法，微观治理层面的具体合同安排主要有基于理论分析方法、基于管理经验选择方法、基于数学决策方法等。

4）鲜有方法能够综合考虑项目交易治理的宏观结构和微观具体交易

虽然已经发展出众多项目交易治理决策方法，但是，这些方法大多只针对项目交易治理的个别维度，甚至是一个维度，即使有研究同时考虑了项目交易治理的宏观结构和微观具体交易，也仅仅是考虑了宏观结构和微观具体交易中的主合同支付方式，并未考虑其他合同的治理问题。迫切需要有一个决策方法能够同时分析项目交易治理的宏观结构治理包括发包方式、管理方式，众多合同的微观具体交易治理包括合同完备性、合同支付方式、合同授予方式。

5）鲜有研究从可计算视角研究项目交易治理决策问题

鲜有研究从可计算视角分析项目交易治理模式、微观行为与宏观项目绩效的关系，Gil（2004）利用计算模拟方法研究了项目交易治理模式决策问题，但是该研究对微观行为缺乏分析，并未分析与项目治理模式相关的协调风险、代理人风险、敲竹杠风险以及这些风险对项目绩效的影响，也没有考虑工程质量问题。

6）计算机建模与仿真方法为整体性项目交易治理可计算提供了方法论

计算机建模与仿真方法具有的高速计算性能和处理能力可以帮助我们同时分析大量的交易合同，可以综合分析项目交易治理的宏观结构（发包方式和管理方式）和微观具体交易（合同完备性、合同支付方式等）。

Agent建模和仿真技术作为计算机建模与仿真的新范式，是研究复杂性行为和复杂系统的有效方法，Agent建模和仿真方法可以系统分析项目交易治理策略对生产交易行为、项目绩效的复杂影响关系，为研究整体性项目交易治理的可计算提供了方法论。

2.2 交易治理相关理论及评述

交易治理理论研究如何在交易不确定性、信息不对称、利益冲突情境下做出适当的治理安排，激励和约束代理人的生产行为，防范生产活动中的道德风险和事后议价过程中的敲竹杠风险，降低生产成本、交易成本，以保证生产和交易效率（Williamson，1975；Eisenhardt，1989；杨其静，2003）。在项目交易治理设计时，主要是基于交易成本经济学、代理理论进行相关分析。但是，这两个交易理论处理人的行为时都假设了人的机会主义行为倾向，存在社会化不足的问题（Ghoshal、Moran，1996）。目前，嵌入性理论和关系合同理论在人的行为方面进行了充分社会化，因此，应用这两个理论分析和理解项目交易治理现象时更具有优势。

2.2.1 交易成本经济学

交易成本经济学是由Coase（1937）在其论文"论企业的性质"中提出来的，后经Williamson发扬光大，现在已经广泛运用于经济、管理、营销领域的治理结构、组织间关系、公司竞争优势等方面的研究。

交易成本经济学有两个基本假设：人的有限理性和机会主义行为（March、Simon，1958）。这两个因素必然产生了经济系统的运行成本，即交易成本。有限理性是指由于个体在知识、预见、技能和时间等的限制，使得交易双方无法预知未来所有可能发生的事件，也不能对可预见事件做出周详而且恰当的应对计划。此外，也不存在为交易提供上诉帮助的、准确且廉价的解决协议纠纷的全知全能的第三方。虽然说合作对于整个交易有利，但是由于所有的交易都有潜在利益冲突，加上每个交易者都希望获得最大利益导致的机会主义倾向，例如背信弃义、欺诈、逃避责任、规避法律、钻空子等，使得交易的潜在收益可能无法实现（Williamson，1975、1979）。机会主义可分为两大类：第一类机会主义，道德风险，包括推卸责任、偷工减料、以某种不易发觉或不易诉讼的方式降低质量、利用合同模糊条款；第二类机会主义包括各类敲竹杠的行为，旨在订立新条款而不是依照现存协议行事的各种做法。机会主义行为的代价昂贵。首先，敲竹杠加上对方反击，直接消耗资源。此外，没有达成协议或没有采用应有的行动，会使有利可图的交易机会不能实现。对于机会主义的防范，无论是事前精心安排缜密合同条款，还是事后的监督检查，都不可避免的对有限理性提出了额外苛求。其结果是，在选择和设计组织的时候，交易者始终面临"有限理性困境"和"机会主义威胁"之间的冲突（Williamson，1985）。

交易成本经济学认为有效的组织在协调方面具有成本有效性。组织治理形式影响了交易成本，更确切地说是谈判、合同编制、事后协商议价、监管和执行合同条款的成本（Williamson，1975）。交易成本经济学定义了影响交易成本的三个特征：资产专用性、不确定性和交易频次，并以此来作为交易治理结构选择的依据。交易采用市场治理还是科层治理取决于交易的资产专用性、不确定和交易频率。虽然交易成本经济学认为治理形式的选择在于生产成本和交易成本之和最低，但是其应用时更多的是强调交易监管成本，隐含的假设了生产成本的一致性。当资产专用性、不确定性和交易频率都很低的时候，由于市场的规模经济以及可获得性，以及科层治理在监管和激励的有限性，该理论认为简单的市场合同更加有效或是低成本。相反，当资产专用性、不确定性和交易频率都很高的时候，该理论认为市场交易会大幅度增加交易成本并且超过了市场提供的技术效率。交易过程中的合同风险会导致无效率，如在应对交易风险时合同保护性条款不足，该理论认为激励和协调成本会增加。产生这些成本因素包括可能的机会主义行为、潜在的套牢、绩效测量与监管的挑战、协调的无效率（Leiblein，2003）。

交易成本经济学把市场和企业科层组织视为治理机制谱系的"两极"。但遗憾的是，交易费用经济学在这"两极"进行丰富而成功考察的同时，对两极之间的混合治理结构包括本书所要探讨的工程项目组织的治理结构还缺乏深入讨论。

2.2.2 代理理论

代理关系源于专业化分工。专业化分工带来了劳动生产效率的提高，代理人由于专业化水平较高具有相对优势而代表委托人产生委托代理关系。代理理论发端于对委托代理关系中的交互行为的研究。该理论假定了一个委托代理困境，即委托人希望利润最大化，代理人则希望以最小努力获得最大报酬。代理人为了自身利益会扭曲自身努力的信息，为了保证代理人的行为符合委托人的最大利益从而产生代理成本。该理论解决的核心问题是利益冲突、不对称信息下的隐藏行为问题，或称道德风险问题。代理理论常用来分析不同不确定性和绩效度量难度情况下的合同支付方式选择问题。Radner（1981）和 Rubbinstein（1979）利用重复博弈模型证明了帕累托一阶最优风险分担和激励可以在委托人和代理人的长期关系和贴现因子足够大（即双方有足够的信心）的情况下实现。不同于交易成本经济学将企业看作是具有生产功能的黑箱，代理理论为分析生产活动提供了理论分析框架。在解释一些组织现象时，代理理论也优于一般的微观经济学。

2.2.3 嵌入性理论

不同于交易成本经济学和代理理论关于人的机会主义行为倾向假设，嵌入性理论认为看待人的行为应将其嵌入在人际网络关系之中。这一视角避免了主流社会学和经济学理论过度社会化和不充分社会化的极端观点，为机会主义规避、市场和科层制等问题提供了新的理解（Granovetter，

1985、1997)。

Granovetter(1992)界定了两类嵌入:关系性嵌入和结构性嵌入。关系性嵌入是指交易双方对对方需求和目标的重视程度,以及交易双方相互信任、信赖以及信息共享的程度;结构性嵌入指网络中各种关系(交易和非交易关系)相互交织形成的网络总体性结构。这两种嵌入对人的态度和行为都有影响,结构性嵌入的内涵更广,影响更大。

2.2.4 关系合同理论

Macneil区分了分立的交易和关系交易,并将合同分为古典合同、关系合同(刘世定,1999;Macneil,1985)。他指出研究合同的正确方法是要认识到交易是嵌入在社会关系上的。基于嵌入性视角,合同理论区分为古典完全合同理论、不完全合同理论(又称为关系合同理论)。古典合同完全依存于合同法,关系合同则部分依存于合同法,部分依存于关系(刘世定,1999;Macneil,1985)。这意味着不完全合同的交易治理需要结合关系和合同共同治理,关系和合同都能够减少交易风险和降低交易成本(Poppo、Zenger,2002)。不过,经济学家强调关系治理中的理性、精确计算的一面,尤其强调对未来交易的可能预期来促进当前的合作,而社会学家则更强调源自于社会道德准则和以往交易中建立的社会联系(Uzzi,1997)。

2.2.5 理论评述

交易成本经济学、代理理论、嵌入性理论、关系合同理论这几个代表性的交易理论基于不同的假设、研究边界研究交易问题,分别从不同的侧面理解交易治理,具有理论互补性。

交易成本经济学以合同的不完全认识为出发点,从不完全合同的协调效率(或说交易成本)角度来分析交易治理问题,隐含的假设生产成本的一致性。代理理论以人的充分理性为假设,将合同看作是完全合同,从生产行为激励（包括质量行为和成本行为）角度来分析合同治理。比较来说，交易成本经济学主要从交易成本角度展开分析，代理理论主要从生产成本角度展开分析。此外，这两个理论同时关注了质量风险问题。可以说，综合交易成本经济学和代理理论可以系统分析项目交易的生产成本、交易成本、质量风险问题。

交易成本经济学和代理理论都假设了代理人的机会主义行为倾向，对交易治理中的关系维度考虑不足，存在社会化不足的问题（Ghoshal、Moran，1996）。嵌入性理论认为人在经济交往中的自利行为受到所处社会网络的影响（Granovetter，1985；兰建平、苗文斌，2009）。关系合同理论认为研究合同的正确方法是要认识到交易是嵌入在社会关系上的。因此，结合嵌入性理论、关系合同理论，关注关系对行为的影响可以弥补交易成本经济学、代理理论存在的社会化不足缺陷。

总结来说，交易理论有着不同假设和研究边界，这使得仅依赖于一个交易理论对项目交易治理做出的分析结论是不完整的，甚至可能是错误的。融合这几个交易理论有助于较系统、较全面地认识交易治理的本质。交易成本经济学、代理理论、嵌入性理论、关系合同理论有助于系统理解工程项目交易治理机制，为工程项目交易治理计算提供了理论基础。

2.3 Agent建模与仿真研究评述

2.3.1 Agent建模与仿真及其起源

计算机建模与仿真方法是继理论研究和实证研究之后的第三种研究方法（Harrison et al.，2007）。计算机建模与仿真方法通过在计算机上建立模型以刻画真实系统，通过仿真模拟输出仿真结果，通过结果分析获得系统解（Doran、Gilbert，1994；Goldspink，2002；宜慧玉、高宝俊，2002）。Agent的建模与仿真方法是计算机建模与仿真的一种新的范式（Wagner，2003）。

作为计算机建模与仿真方法的新范式，Agent的建模与仿真方法区别于传统计算机建模方法。传统的计算机建模方法，如连续系统数值积分、离散事件系统仿真、标准参与式仿真、面向对象仿真，在很多领域得到应用并发挥了重要作用，但是在研究复杂系统和复杂性方面由于难以捕捉复杂系统中的高度非线性交互存在较大局限（廖守亿，2015）。这主要是由于传统计算机建模方法是从宏观层次抽象开始的，在高层次上做出了近乎苛刻限制条件的假设（Hanneman、Patrick，1997）。基于Agent的建模方法，将Agent看作是具有适应性的主体，对Agent主体的行为进行设计，放宽了传统计算机建模方法的假设条件，通过"自底向上"的建模，能够捕捉复杂系统中的高度非线性交互，并涌现系统的宏观结果。因此，Agent的建模与仿真方法是一种研究复杂行为和复杂系统的有效方法。

Agent的建模与仿真方法起源于20世纪60年代。来源于生物学思想的Agent概念是该方法的基本出发点。Agent的主动性、适应性以及其与环境的相互作用，使其区别于传统建模方法中的元素和子系统。霍兰最早从遗传算法的角度提出了这一思想，在20世纪90年代，他进一步把这一思想深化为复杂适应性系统理论，集中体现于霍兰的代表作《隐秩序》和《涌现》中。20世纪中期，Agent的建模与仿真思想迅速传播，并被应用到许多学科，取得了一些进展。

Agent的建模与仿真方法的核心和出发点是Agent视角，它提供了一种与人类思维习惯相符合的方法来理解Agent行为以及系统的整体行为。Agent的建模与仿真方法包括建模、仿真以及模型校核与验证等过程。

在建模上，Agent的建模与仿真方法不同于传统系统仿真，侧重于采用演绎推理方法的建模，侧重于如何采用归纳推理方法建立系统的形式化模型，即系统的抽象表示以获得对客观世界和自然现象的深刻认识，基于还原论的传统建模方式不能很好地刻画复杂系统，Agent的建模与仿真方法可以对复杂系统中的基本元素及其交互关系进行建模，可以将复杂系统的微观行为和宏观的"涌现"现象有机结合起来。而且，Agent的建模与仿真方法在建模的灵活性、层次性和直观性上都较传统的建模技术要有明显优势,适合于对诸如生态系统、经济系统以及人类组织等系统进行建模与仿真。Agent的建模与仿真方法通过从个体到整体,从微观到宏观来研究复杂系统的复杂性,克服了复杂系统难以自上而下建立传统数学分析模型的困难,有利于研究具有涌现性、非线性和复杂关联性的复杂系统。模型的校核和验证是Agent的建模与仿真方法的一个关键问题,目前还没有比较完美和普世方法来校核和验证可计算模型(廖守亿,2015;North、Macal,2007),已经形成的验证方法包括了基于理论、常识和实践的内部验证、外部验证(North、Macal,2007;陆云波等,2013;Carley、Prietula,1994;Thomsen et al.,1999)。同时,这些学者都指出Agent模型验证是一个多次迭代的过程。

2.3.2 Agent建模与仿真方法应用现状

1)Agent建模与仿真方法基本应用情况

Agent的建模与仿真方法已经在很多学科得到了应用,包括社会领域、经济领域、军事领域等,但大部分研究还处于初级阶段,属于实验室中的"思想实验",具有学术研究的性质,离真正的实际复杂系统仿真分析与控制还有一定的距离(廖守亿,2015)。

社会领域是Agent的建模与仿真方法应用最为广泛和活跃的领域之一,其研究的重点是人类系统的涌现行为与自组织。社会系统中的人被抽象为具有自主决策、学习、记忆以及协调和组织能力的Agent,来研究流(如交通流、人员疏散)、组织行为以及政治交互等(廖守亿,2015)。

在经济领域,最典型的例子是Epstein和Axtell于1996年开发的经济系统模型——"糖域模型"(SugarScape)。"糖域模型"不仅能够用于研究简单的经济系统,还能够研究环境变化、社会动向等社会问题(Epstein、Axtell,1996;刘丹等,2014)。美国S&ia国家实验室的研究人员开发了一种基于Agent的美国经济仿真模型Aspen(Basu et al.,1998),随后又开发了ASPEN-EE，CommASPEN、NABLE等模型；圣塔菲研究所Arthur领导的Bios小组基于Agent建模与仿真方法开发了虚拟股市；Leigh Tesfatsion教授还开展了基于Agent的计算经济学研究。20世纪90年代中期，克莱因教授向中国经济学界介绍了美国的Aspen经济仿真系统，引发了国内不少学者的兴趣。

在军事领域，美国国防部基于Agent的建模与仿真技术开发了ISAAC（Irreducible Semi-Autonomous Adaptive Combat）、EINSTein（Enhanced ISAAC Neural Simulation Toolkits），对战争进行模拟；澳大利亚ADFA（Australian Defense Force Academy）也开发了RABBLE（Reducible Agent Battlefield Behavior through Life Emulation）等。

Agent的建模与仿真方法还应用于组织管理领域（Ferber、Gutknecht，1998；Dong et al.，2002）、生态系统管理领域（Bousquet、Le Page，2004）。在项目管理领域，Thomsen et al.（1998）基于Agent的建模与仿真方法研究了冲突情景下的组织设计；Tah（2005）基于Agent的建模与仿真方法研究了工程项目供应链的设计；Son、Rojas（2010）基于Agent的建模与仿真方法研究了项目团队的合作演化。

2）Agent的建模与仿真方法在我国的应用研究情况

我国的研究起步较晚，20世纪90年代之后，我国陆续成立科研机构开展相关研究，如中国人民大学成立了经济科学实验室；天津大学成立了中国社会计算研究中心；南京大学陆续成立了社会科学计算实验中心和社会经济环境虚拟仿真国际级实验教学中心；中国科学院成立了社会计算与平行管理研究中心；同济大学成立了复杂工程管理研究院，下设组织仿真中心。研究成果方面，中国科学院自动化研究所王飞跃等基于Agent技术研究社会计算，开发了"平行管理系统"（Wang、Kathleen，2007；Wang，2007）；天津大学张维教授基于Agent仿真技术建立了金融市场实验模型以分析适用于我国市场的行为金融模型（张维等，2010）；南京大学社会科学计算实验中心盛昭瀚教授等近十年来基于Agent技术开展了供应链协调与优化、太湖流域系统演化及其管理策略分析、供应链计算实验平台设计、社会舆论产品以及软件盗版管理、工程合谋治理、重大工程决策、施工团队中的机会主义行为等问题的研究（盛昭瀚等，2009、2010、2011；Sheng et al.，2009；丁翔等，2014；丁翔等，2015；李真等，2017）；同济大学组织仿真中心陆云波等开发了可计算组织与流程（Computational Project Organization、Process，简称CPOP）模型用于项目组织与流程的设计（陆云波等2010、2013）。另外，张伟、石纯一（2003）利用Agent仿真技术阐述了组织的形成及演化机理。李德刚等（2005）利用Agent技术对组织进行建模和分析。李迁等（2013）基于Agent研究了工程承发包模式选择机理。秦旋等（2021）基于Agent技术研究了复杂工程社会风险的演化规律及治理方式。

2.3.3 项目研究领域代表性Agent模型VDT与CPOP

在项目研究领域有两个基于Agent建模与仿真技术开发的代表性模型，即虚拟设计团队模型（Virtual Design Team，简称VDT）和可计算项目组织与流程模型（Computational Project Organization、Process，简称CPOP）。

虚拟设计团队模型（Virtual Design Team，简称VDT）是由美国斯坦福大学Levitt教授及其团队研究开发。1988～2010年，陆续增量开发VDT模型来模拟信息流的物理结构与组织化学（包括目标不一致、知识等），并用于工程项目组织设计实践（Levitt，2010）。

可计算项目组织与流程模型（Computational Project Organization、Process，简称CPOP）是由同济大学陆云波博士及其团队近十年的研究成果。CPOP是基于中国情境的组织设计模型，并形成商业软件ProjectSim，2010年获得国家软件著作权，用于工程项目组织设计、软件开发组织设计、物流组织设计等（陆云波等，2010、2013）。

VDT和CPOP都通过仿真模拟定量化输出组织效能，如成本、工期、产品质量等，使组织设计从定性化走向定量化。不过，VDT和CPOP都将项目组织假设为科层组织，项目跨组织交易本质对组织行为的影响还有待深入研究。

2.3.4 研究评述

Agent建模与仿真方法作为研究复杂性行为、复杂系统的有效方法，已经成功应用到诸多领域，并获得了诸多显著的研究成果。在项目管理领域，已经开发出VDT和CPOP，实现了组织与流程设计的可计算，并成功应用于实践。但是，VDT和CPOP都将项目组织假设为科层组织，未考虑项目的跨组织交易本质，属于组织管理计算。因此，项目交易治理计算是一个重要的研究方向，Agent建模与仿真技术提供了方法论和工具。

2.4 小结

本章从三个方面展开文献综述：工程项目交易治理决策、交易治理相关理论和Agent建模与仿真方法。

项目交易治理决策研究综述包括：传统项目管理视角下的项目交易治理决策、项目治理视角下的项目交易治理决策，以及项目交易治理中的关系研究。通过这一部分综述发现：

（1）项目交易治理可分为宏观结构治理和微观具体交易治理，且治理模式众多。

（2）关系是项目交易治理的一个重要维度。

（3）项目交易治理决策方法众多。但是，鲜有方法能够同时考虑项目交易中的宏观结构治理和微观具体交易治理。

（4）鲜有研究从可计算的视角分析项目交易治理决策问题。

（5）计算机建模与仿真方法为整体性项目交易治理的可计算提供了方法论。

通过综述项目交易治理决策研究确定了研究问题——工程项目交易治理计算。

接着，回顾了交易治理代表性理论，即交易成本经济学、代理理论、嵌入性理论、关系合同理论。这几个理论具有明显的互补性，综合这几个交易理论可以较系统、较全面的厘清工程项目交易治理机制，它们是项目工程治理计算的理论基础。

最后，回顾了计算机建模与仿真方法的新范式——Agent建模与仿真方法，这是一种分析复杂性系统和复杂性行为的有效方法。这一部分综述了Agent建模与仿真方法及其起源、Agent建模与仿真方法的应用现状，以及项目管理领域中基于Agent建模与仿真技术开发的两个典型模型VDT和CPOP。Agent建模与仿真技术为工程项目交易治理计算提供了方法论和工具基础，基于Agent建模与仿真技术开发的CPOP是项目交易治理计算的一个重要研究基础。

第 3 章

工程项目交易治理机制研究

系统研究工程项目交易治理机制。首先分析了工程项目生产交易治理系统构成要素工程项目、委托人、代理人，以及它们之间的基本作用关系；接着，详细分析工程项目特征、委托人项目交易治理策略、代理人生产交易行为，以及项目绩效涌现机制；最后，构建了工程项目交易治理概念模型。

根据《现代汉语词典》，机制是指有机体的构造、功能及其相关关系，泛指一个工程系统的组织或部分之间相互作用的过程和方式。在社会科学领域，机制是指两个事物间可能存在的关系（周雪光，2003）。这里的关系指的是"经常发生的、易于识别的因果关系"（Elster, 1998）。本研究将工程项目交易治理机制界定为工程项目生产交易系统构成要素、要素间交互作用，以及系统功能涌现。系统理解工程项目交易治理机制是治理计算研究的基础。为理清工程项目交易治理机制，需要确定工程项目生产交易系统主要构成要素，厘清要素间交互作用关系，以及要素交互涌现项目绩效的关系。

首先，系统分析工程项目生产交易治理系统，明确系统构成的三大要素：工程项目、委托人、代理人；其次，详细分析工程项目特征、工程项目委托人的项目交易治理策略，以及工程项目代理人生产交易行为；最后，构建工程项目交易治理概念模型，详细解析工程项目、工程项目委托人项目交易治理策略、代理人生产交易行为交互作用并涌现项目绩效，进而厘清工程项目交易治理机制。

3.1 工程项目生产交易治理系统分析

通过回顾工程项目交易模式相关研究(具体见第2章)发现,选择工程项目交易模式考虑的因素除了与模式密切相关的责任划定、可能发生的变更、索赔、纠纷之外,还涉及四个主要方面,即项目因素、市场因素、业主的特征因素,以及业主对风险分配、参与度、项目实施过程和项目绩效结果的偏好。项目因素包括工程大小、复杂性、独特性、灵活性、不确定性、施工现场条件等;市场因素包括建筑市场发育程度、承包商可获得性、价格竞争性,关乎市场竞争激励程度,影响合同价格;业主特征包括管理能力、经验等;项目实施过程中涉及变更、索赔、纠纷,项目绩效包括质量、成本(或成本确定性)、工期(或工期确定性、建设速度)。前三个因素具有客观性,最后一个是业主的主观性偏好因素。业主的主观性偏好体现于对治理模式的偏好、对项目绩效最终结果的偏好、对项目实施的中间性结果偏好。将治理模式偏好、实施过程中的中间性结果偏好作为模式选择的依据本质是因无法准确量化评估采取特定治理模式的可能项目绩效结果所做出的一种妥协性决策。(Gordon,1994;Turner、Simister,2001;Cheung et al.,2001;Turner,2004;Mahdi、Alreshaid,2005;Mafakheri et al,2007;孟宪海,2007;Love et al.,2010;王卓甫等,2010)。

分析工程项目生产交易治理系统构成,其构成要素包括工程项目、工程项目委托人、工程项目代理人。本研究从业主的视角研究工程项目交易治理,聚焦于事前治理,而非过程治理。委托人是项目交易治理的主体,项目交易治理围绕工程项目任务承担及其需要交付的产品、服务展开,所有潜在的代理人构成了交易治理的市场因素。工程项目交易治理可以看作是委托人围绕工程项目的分解、发包、生产组织协调、监管、关系等方面所做的制度安排,代理人将根据项目特征、市场特征、委托人治理策略选择生产交易行为，项目绩效结果涌现于委托人、代理人、项目任务在生产交易过程中的行为交互。工程项目生产交易治理系统构成要素、要素间相互作用及涌现项目绩效的关系如图3.1所示。

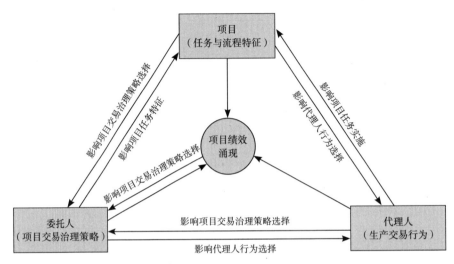

图3.1 工程项目生产交易系统的主要构成要素及其交互关系

工程项目交易治理本质是业主根据其设定的项目目标、目标偏好以及可选治理模式在特定项目情景、市场情景下可能项目绩效结果选择最佳治理方案。科学合理的设计工程项目交易治理模式需要系统理解治理机制，即委托人项目交易治理策略、项目任务、代理人生产交易行为之间交互涌现项目绩效的关系。工程项目任务及其需要交付的产品、服务是项目交易的客体，市场特征和业主自身特征是交易治理的背景因素，代理人行为方式是交易治理的客观现实，业主所设定的项目目标、目标偏好是交易治理设计的依据。

业主从市场上购买产品和服务，市场和业主特征是工程项目交易治理两大背景因素。市场特征是指市场上可提供相关工程产品和服务的承包商的可获得性、价格竞争性，以及是否有良好合作经历的承包商（Gordon，1994）。市场特征决定了业主为获得合理工程价格是否对工程项目进行必要的分解(Gordon,1994)。业主有诸多特征,如管理能力、财务能力、谈判力、信誉等。根据交易治理研究对象与范围,考虑业主的管理能力特征、是否有后续项目。管理能力决定了管理任务是自我承担还是委托发包。后续项目的有无影响了关系治理方式,没有后续项目仅依赖于双边关系治理将面临较大风险,通过管理委托构建项目组织的三边治理模式可以提高嵌入性,有助于防范机会主义行为,促进合作(Reve、Levitt,1984)。

下面详细分析交易治理对象(工程项目)特征、委托人工程项目交易治理策略、代理人生产交易行为,细化工程项目交易治理相关要素,及其要素交互涌现项目绩效的关系,构建工程项目交易治理概念模型。

3.2 工程项目特征分析

工程项目是一组互相独立、互相联系、互相依赖的任务(成虎,2008)。设计和施工任务是项目任务中两大技术任务。设计任务是根据技术要求形成设计方案,为施工提供依据(Gray、Hughes,2012;沈源,2014)。施工任务将概念化的设计图纸实现为建筑实体。除了设计和施工两大技术任务,管理工作对互相独立、互相联系、互相依赖的设计和施工等任务进行计划、组织、协调、控制(成虎,2008),具体为计划管理、质量管理、安全管理、成本管理、工期管理、合同管理、材料和设备采购、监督检查等。

大量学者讨论了项目特征,Stretton(1994)认为项目具有一次性、独特性、目标的确定性、组织的临时性和开放性、成果的不可挽回性等特征。基于技术视角,Scott(2002)讨论了任务的复杂性、不确定性和互依性特征,Thompson(1967)、Malone et al.(1993)、Thomsen et al.(1998)讨论了任务的灵活性特征,Williams(2002)、Girmscheid、Brockman(2008)、Hass(2009)等学者讨论了项目的复杂性特征。

从生产技术视角来看,工程项目的主要特征包括复杂性、不确定性、灵活性、互依性。

复杂性体现在两个方面：一是完成项目任务需要考虑的需求等变量的多样性（Thomsen et al.，1998），其关注于具体项目任务的复杂性；二是组成要素的异质性及要素关系多少（Simon，1982），其关注于项目任务的异质性及任务依赖关系，与互依性接近。根据组织的信息处理观，项目复杂性会带来更多的沟通交流、方案协调，增加信息处理需求（Galbraith 1974）。

不确定性指项目工作或要素的变异性，或可提前预知项目实施行为的程度（Scott，2002）。项目不确定性与项目任务实施环境有关（Duncan，1972；Lawerence、Lorsch 1967）。市场环境、自然环境造成了需求的不确定性、过程的不确定性（Thomsen et al.，1998；Turner，2004），具体表现为投入的变异性、工作遭遇意外状况的数量、主要产品的变化情况等（Scott，2002）。不确定使得项目合同并不能一开始就约定清楚，通常来说项目合同都留有缺口以保证项目交易的灵活性（Turner，2004）。根据组织的信息处理观，不确定带来了更多的信息处理需求（Galbraith，1974）。

灵活性是指能够实现项目任务目标潜在的可实施方案数量及方案所能达到的效果，包括产品模型以及组织对任务的描述（Willems，1988；Malone et al.，1993；Thomsen et al.，1998）。灵活性越高意味着可选实施方案越多，且任务目标实现效果差异越大。灵活性越低则意味着可选实施方案越少，任务目标实现效果差异越小。每个项目活动的执行人员都将根据项目情景及其利益诉求选择项目实施方案，并最终产生一个绩效结果。

互依性是指项目任务的依赖关系，分为总和依赖、顺序依赖、交互依赖三类（Thompson，1976）。总和依赖是指任务的相互依赖关系仅在于每种要素和过程都有助于总体目标；顺序依赖是指某些活动必须完成于另一些活动之前所存在的一种依赖关系；交互依赖是指要素、活动同时作为投入和产出的关联关系达到一定程度时所存在的一种依赖。

从交易视角来看，项目任务通过合同发包出去，代理人提供服务或是提交最终产品。服务和产品品质的可度量性关系到业主所面临的道德风险。业主常常依赖于项目任务的绩效评价来判断服务和产品质量。项目任务绩效度量难度特征是一种信息不对称表现，影响到代理人的机会主义行为（Puddicombe，2009）。跨组织交易使项目任务存在的依赖关系需要跨越组织协调，项目整体发包或是分解发包，以及分解发包的方式决定了具有依赖关系的项目任务协调是科层协调还是跨组织协调，其取决于项目交易治理结构的设计。

综合生产、交易视角，将工程项目的特征归结为任务复杂性、任务不确定性、任务灵活性、任务绩效度量难度，以及任务依赖关系。

3.3 委托人的工程项目交易治理策略分析

工程项目通常涉及大量的交易合同，工程项目交易治理可以分为多个交易的宏观结构治理和微观具体交易治理。由于项目面临较大的不确定性，使得项目合同是一种不完全合同，微观具体交易治理并不能仅仅依赖于合同治理，还需要关系治理（Crawford et al.，2006）。此外，关系治理还体现在宏观结构治理中的结构性嵌入。总结来说，委托人的工程项目交易治理可以区分为宏观结构治理、微观具体交易的合同治理、关系治理。下面将从这三个方面具体解析工程项目交易治理策略。

3.3.1 工程项目交易治理中的宏观结构治理策略

宏观结构治理包括任务流程结构、项目组织结构、管理结构，综合表现为发包方式。工程发包是对项目设计、施工、甚至包括管理任务进行分解发包，对设计和施工任务实施流程与实施组织、管理方式进行组织的具体体现。工程发包方式包括施工总承包、平行发包、CM、DB等。从流程上来看，设计和施工任务的实施流程分为搭接流程和顺次流程两大类；

从实施组织上来看，设计和施工任务分为分解发包、整体发包两大类；从管理方式上来看，工程管理分为自主管理、委托管理、自主管理+委托管理。

宏观结构治理构建了任务流程结构、项目组织结构、管理结构，进而决定任务协调类型是科层协调还是跨组织协调。项目任务的复杂性导致了项目组织结构的复杂性，而任务的互依性意味着更多的资源用于协调（Thompson，1967）。

宏观结构治理对项目工期最大的影响在于设计和施工的实施流程，设计和施工任务采用顺次流程，工期较长，采用搭接流程则会缩短工期。宏观结构治理影响了微观具体交易合同的安排，设计和施工采用顺次流程组织方式时，可以提高施工合同完备性安排，而设计和施工采用搭接流程组织方式时，施工合同的完备性安排必然会较低。

3.3.2 工程项目交易治理中的微观具体交易的合同治理策略

微观具体交易治理是指对工程涉及的各个具体交易采取的治理策略。交易治理分为合同治理和关系治理两个维度，根据交易治理相关研究、工程管理理论，微观具体交易的合同治理可以分为合同完备性、合同支付方式、合同授予方式、合同监管强度安排四个维度。

合同完备性是关于交付产品、提供服务以及相应的价格等规定的明确性程度。合同完备性安排与环境不确定性、采用的工程发包方式密切相关（Turner，2004；乐云、李永奎，2011）。环境的不确定性导致了部分需求无法一开始就确定下来，进而要求合同签订时留有余地，以保证合同在面对未来不确定性时有一定的适应性和灵活性（Turner，2004）。工程发包方式构建了设计、施工任务实施流程与实施组织框架，影响任务的不确定性，进而影响合同的完备性安排。平行发包模式下，设计不够充分、错误多，后期变更多，施工合同的完备性不高。施工总承包模式下，设计完全完成后再整体发包施工任务，设计充分，施工合同完备性高（乐云、李永奎，2011）。

合同支付方式规定了代理人获取报酬的计算方式。项目合同涉及设计合同、施工合同、管理咨询合同等不同类型，合同支付方式也有差异。从理论分析的角度来看，按照支付方式合同可区分为单价合同、总价合同、成本补偿合同、成本激励合同（Turner，2004；刘君武，2009；Von Branconi、Loch，2004）。不同的支付方式，代理人承担的风险不同，对代理人的行为产生了不同的激励效应（Turner，2004；乐云、李永奎，2011）。

合同授予方式包括招标方式和评标方式。招标方式分为公开招标、邀标和议标，评标方式分为单因素低价中标的评标方式、多因素评标方式。招评标方式引致了不同的价格竞争性。通常来说，合同授予方式的选择与法律法规、市场、关系基础等有关，同时塑造关系（Ruparathna、Hewage，2015；王维国、刘德海，2008；乌云娜，2010）。

合同监管是对合同履行过程、结果进行检查与管理。监管辅以惩罚措施可以有效防范代理人的机会主义行为，保证工程质量（Rossetti、Choi，2008）。

3.3.3 工程项目交易治理中的关系治理

项目的高度不确定性使得项目合同具有天然非完备性特征，项目交易无法像普通产品那样通过古典完全合同进行治理，关系治理成为项目交易治理的另一个重要维度（Chang、Ive，2007；Williamson，1985）。由于项目含有的任务类型多、任务工作量大，通常涉及众多项目参与方，需要签订大量的设计合同、施工合同、管理咨询合同、采购合同等。项目实施过程中需要互动的项目参与方有些是交易关系，有些则没有交易关系，有些是协作关系，有些是准科层关系。例如，采用不涉及管理咨询的DB模式，业主与DB承包商是一种双边交易关系。采用涉及管理咨询的CM模式，业主分别与CM单位、专业分包签订合同，形成交易关系，CM单位与专业分包没有交易关系，他们在与业主签订的合同框架里形成了一种关于项目实施的管理与被管理的准科层关系，承担具有互依性任务的专业分包之间存在协作关系。业主、CM 单位和专业分包构建了多边治理关系。

由于工程涉及众多项目参与方，既涉及业主与代理人的双边交易关系，还涉及业主、多代理人之间的准科层关系、协作关系。在宏观层面和微观层面都涉及关系问题，项目交易中的关系治理不仅体现于双边交易关系治理，还在于结构性嵌入治理。

根据嵌入性理论，项目交易中的关系治理既需要考虑本次交易的双边关系治理，又需要考虑嵌入性安排。对本次交易的关系治理来说，合同治理对关系有塑造作用（Camén et al., 2012）。合同治理应注重公平、风险的合理分配、选择代理人时不应过分强调价格等（Turner, 2004；Ng et al., 2002）。也就是说，合同支付方式、合同授予方式可以塑造关系。

在嵌入性安排方面，需要考虑关系性嵌入和结构性嵌入（Granovetter, 1992）。关系性嵌入是指交易关系的嵌入性，既包括交易的历史，又包括未来交易的可能。结构性嵌入则综合了交易关系和非交易关系的嵌入性，既要考虑交易的历史与可能，又要考虑非交易交往的历史与可能。对于双边交易关系的嵌入性安排来说，可以选择具有良好合作经历的代理人，建立长期合作关系（Meng, 2012；刘世定, 1999）。对于多边关系的嵌入性来说，还需要考虑非交易关系的嵌入性，考虑结构性嵌入问题。Reve、Levitt（1984）认为业主、承包商、管理咨询构建三边治理关系提高了嵌入性水平，通过信誉信息在关系网络中的传播机制提高了合作水平。

综上，关系治理的内涵既包括了本次交易中合同安排对关系的塑造，又包括关系性嵌入、结构性嵌入。

根据工程项目交易治理关于宏观结构治理策略、微观具体交易治理策略以及关系治理策略的论述，本研究将委托人的工程项目交易治理主要策略归纳为发包方式选择、管理方式选择、合同监管强度安排、合同完备性安排、合同授予方式选择与关系安排。

3.4 代理人的工程项目生产交易行为分析

工程项目代理人是指工程项目业主委托的，负责项目任务实施的项目参与主体，包括勘察单位、设计单位、检测单位、施工单位、工程咨询单位、科研机构、供货单位等。代理人的生产交易行为直接决定了项目的绩效。下面将探讨代理人的生产交易行为及生产交易行为规则。

3.4.1 工程项目代理人的生产交易行为分类

组织行为复杂多样，包括个人动机、人际沟通、个体学习、组织学习、冲突、文化、决策、权力、授权等（Stephen、Timothy, 2012; Osland et al., 2010）。本文研究的工程项目交易治理问题是跨组织的生产交易问题，因此，不同于一般的组织行为研究视角，本研究从跨组织的视角关注于代理人的生产交易行为。

工程项目生产是在交易过程中完成（Winch, 2001），因此，在治理分析时需要密切关注代理人的生产行为和交易行为。

生产可以认为是一个制定生产方案，并按照生产方案组织生产和处理生产质量异常（或称技术错误）的过程。因此，生产行为可以分为方案选择行为、方案执行行为和技术错误处理行为。协调理论从活动依赖性的视角出发，定义协调为"对活动相互依赖性的管理"（Malone、Croswton, 1994），对于跨组织实施的工程项目来说，生产行为可分为独立性完成生产任务的生产行为和需要跨组织协调完成生产任务的生产行为。根据决策是单方决策还是多方决策，分为生产方案/技术错误处理的独立性选择行为和生产方案/技术错误处理的协调协商行为。其中，生产方案/技术错误处理的独立性选择行为根据决策主体的不同可以分为集权和授权。方案执行行为将最终实现一个需要用质量评价的产品，可以称其为质量行为。

交易是一个投标人投标报价，委托人对投标书进行评价并选择代理人，代理人按照合同约定执行合同，双方对合同未约定部分内容进行事后协商议价的过程。因此，代理人交易行为可以分为（合同签订前的）报价行为和（合同实施过程中的）议价行为。

归结来说，代理人的生产交易行为可分为报价行为、生产方案独立性选择行为、生产方案协调协商行为、质量行为、技术错误处理独立性选择行为、技术错误处理协调协商行为、议价行为，如图3.2所示。

生产行为	生产方案/技术错误处理独立性选择行为 质量行为	生产方案/技术错误处理协调协商行为
交易行为	报价行为	议价行为
	独立性行为	协调行为

图3.2 代理人生产交易行为分类

3.4.2 工程项目代理人生产交易行为规则与项目绩效

交易成本经济学、代理理论、嵌入性理论和关系合同理论有助于理解代理人的行为规则，以及行为与项目绩效的关系。企业以营利为目的，代理人的行为规则体现了利益最大化追求。代理理论和交易成本经济学认为代理人有机会主义行为倾向，即在信息不对称的情况下代理人并不完全如实的披露所有的信息会从事有损委托人利益而对自己有利的机会主义行为（Williamson，1985；Eisenhardt，1989；Roehrich、Lewis，2010）。机会主义行为有两类：道德风险和敲竹杠行为。道德风险包括推卸责任、偷工减料、以某种不宜发觉或不宜诉讼的方式降低质量、利用合同模糊条款。敲竹杠行为是指代理人利用各种机会抬高价格。嵌入性理论和关系合同理论认为假定人的机会主义倾向并不符合实际，它们认为人的行为是嵌入于社会关系网络之中的，人的行为受到关系的约束。管理理论认为监管与惩罚机制有利于防范代理人的机会主义行为。另外，合同支付方式约定了报酬计算方式，对生产行为具有激励作用（Eisenhardt，1989）。

综上所述，代理人的行为一方面体现了利益最大化追求，另一方面也受到关系和监管的约束，体现为追求短期利益的机会主义行为，或是追求长期利益的关系性/合作性行为，或是受到支付方式激励的关系性/合作性行为。下面将基于交易成本经济学、代理理论、嵌入性理论和关系合同理论进一步分析报价行为、生产方案独立性选择行为、生产方案协调协商行为、质量行为、技术错误处理的独立性选择行为、技术错误处理的协调协商行为、议价行为的规则，并阐释行为与项目成本、工期和质量的关系。

1）报价行为规则与项目绩效

代理人的报价基于两方面的考虑：一是利润最大化；二是能够中标。报价越高，利润越大，但是中标的概率却越小。报价越低，中标的概率越大，但是报价过低会没有盈利空间，甚至亏损。

根据相关研究，报价行为与任务的不确定性、任务的灵活性、招标方式、评标方式、市场成熟度、支付方式、合作经历、未来合作可能密切相关（Turner，2004；Laryea、Hughes，2007；乐云、李永奎，2011；王维国、刘德海，2008）。

任务不确定性意味着风险。任务不确定性越大，风险越高，报价越高（Laryea、Hughes，2007）。

任务灵活性意味着方案优化空间。任务灵活性越高，方案优化空间越大，采用非成本补偿合同时，在竞争情景下有能力的单位报价会较低（乐云、李永奎，2011）。

支付方式对基本风险进行分配。采用成本补偿合同，代理人风险最低，单位报价最低。采用总价合同，代理人承担主要风险，报价高。采用单价合同，业主承担工程量风险，代理人承担单位造价风险，报价居中（Turner，2004；乐云、李永奎，2011）。

招标方式引致价格竞争性。公开招标，竞争性最高，代理人为了中标，通常会压低报价。议标的竞争性最低，通常报价会较高。邀请招标报价居中（乐云、李永奎，2011）。

评标方式引致价格竞争性。如果以价格作为主要评标标准，代理人为获得标的会尽可能报低价（王维国、刘德海，2008）。

市场成熟度体现于能够提供产品和服务的企业数量，代表了一种竞争水平。成熟度越低，竞争越小，代理人报价会越高。成熟度越高，竞争越大，代理人报价会越低（Gordon，1994）。

合作经历有助于代理人了解委托人，来自委托人的风险会降低，报价也会降低。未来合作可能越大，代理人为了获得下一阶段的标的，报价会较低（Laryea、Hughes，2007）。

根据上一节关于关系治理的相关分析，招标方式、评标标准、合作经历和未来合作可以归结为关系因素。业主在招标阶段过分注重价格的治理策略，很大可能会导致买卖双方关系水平低下，引发代理人在事后议价过程中的敲竹杠行为。虽然项目成本大部分由中标代理人的报价决定，但是项目不确定性导致的合同未约定部分需在项目实施过程中协商确定，对项目成本产生较大影响。

2）生产方案独立性选择行为规则与项目绩效

生产方案的优劣体现于功能、成本、安全等方面。基于成本视角，本文将生产方案的优劣用实际工程量乘以实际单位造价来表征。

支付方式界定了代理人的报酬计算方式，决定了代理人行为选择偏好。在单价合同下，合同结算根据实际完成的工作量乘以单位价格，代理人有优化单位造价的动机。在总价合同下，代理人在给定的价格下完成所有工程，代理人有优化实际工程量和单位造价的动机。在成本补偿合同下，成本费按承包人的实际支出由发包人支付，发包人同时向代理人支付一定数额或百分比的管理费和商定的利润，代理人缺乏方案优化动机。目标价格合同是成本加酬金合同模式的演变。在合同签订前，合同各方事先约定该工程的预期成本，及目标价格。在工程结算时，比较工程最终结算价与目标价格的差异，按预先给定的差异奖罚计算办法来调整最终结算价，代理人有优化实际工程量和单位造价的动机。

委托人天然的希望选择单位造价低和工程量少的生产方案,但是他受制于能力,以及管理资源的限制。能力不足导致选择的生产方案不尽人意。另外,过度介入生产决策,将导致庞大的管理机构、以及大量的管理工作很可能会导致决策不及时或引发等待等一系列问题。管理咨询作为第三方,可以弥补委托人能力不足和资源不足的问题,代表委托人的利益对生产方案进行决策,支付方式对管理咨询的激励效果如上所述(乐云、李永奎,2011)。

3)生产方案协调协商行为规则与项目绩效

当生产活动之间具有依赖关系时,生产方案则需要协调。对于工程项目来说,方案协调有两种协调方式,科层协调和跨组织协调。科层协调是一种基于职权的协调,且协调主体在企业层面具有目标一致性,协调效率高(Williamson,1985)。

跨组织协调的协调主体是一种平等关系,虽然合同可能赋予了管理单位对生产方案的协调权力,但是由于合同的不明确性,使得这种协调部分是基于权力,部分基于协商(Murtoaro、Kujala,2007)。基于协商的协调,协调行为和协调效果与关系水平密切相关(Murtoaro、Kujala,2007)。关系水平高,协调行为更加合作,协调周期快,协调方案更加有利于共同目标。关系水平低,协调行为更加竞争,更容易出现囚徒困境,协调周期慢,协调方案差(闫波,2004)。

4)质量行为规则与项目绩效

人执行任务会产生一个可以用质量来评价的结果,我们这里称其为质量行为。根据人的有限理性理论(March、Simon,1993),人在执行任务时会产生质量问题,称其为技术错误。质量行为是人员技术能力和任务技能需求匹配的结果。

企业以营利为目的,人的行为体现了企业对利益的追求。所以,代理人有质量机会主义行为倾向,如偷工减料、以某种不易发觉或不易诉讼的方式降低质量等表现为人的主动性技术错误(Williamson,1985)。

嵌入性理论、关系合同理论和管理理论认为，关系和监管对代理人的质量机会主义行为有约束效应（Granovetter，1985；Macneil，1985；Rossetti、Choi，2008）。关系水平越高，代理人的质量机会主义行为倾向越小。监管水平越高，代理人的质量机会主义行为越有可能被发现而受到惩罚，因此，代理人的质量机会主义行为越低（Rossetti、Choi，2008）。

5）技术错误处理的独立性选择行为规则与项目绩效

对工程项目委托人来说，工程项目的质量直接关乎建筑产品的后期使用。因此，在处理技术错误上更倾向于返工。

对工程项目代理人来说，技术错误处理可能增加成本，因此缺乏返工处理的动机。技术错误处理方式一方面受到合同的支付方式的激励，另一方面还受到关系和监管的约束（Williamson，1985；Eisenhardt，1989）。

支付方式对技术错误处理方式的影响：成本补偿合同下，技术错误处理会得到补偿，代理人通常会采取返工策略；其他合同支付方式下，处理代理人原因导致的技术错误是得不到补偿的，返工增加的成本由代理人自己承担，所以代理人有选择忽略的倾向（乐云、李永奎，2011）。

关系对技术错误处理方式的影响：根据嵌入性理论，人的行为受到嵌入性关系的约束（Granovetter，1985）。也就是说，关系水平越高，代理人的质量机会主义行为倾向越小，处理技术错误更倾向于采取返工策略。

监管对技术错误处理方式的影响：监管水平越高，代理人的质量机会主义行为越有可能被发现而受到惩罚，因此，代理人的质量机会主义行为越低，当出现质量问题时，越有可能采用返工策略。

管理咨询作为第三方，代表委托人的利益，对技术错误的处理倾向于返工。

6）技术错误处理的协调协商行为规则与项目绩效

当技术错误处理需要协调协商时，技术错误一般会得到处理。技术错误处理的协调协商是要明确导致技术错误的责任主体，并决定是否给予代理人一定的补偿。技术错误处理的协调协商行为与关系水平紧密相关。关系水平高，会有利于快速明确责任主体，且不会对项目进展有太大影响。相反，关系水平低，往往会出现相互推诿、扯皮的现象，影响项目的进展（Ng et al.，2002）。协商快慢影响项目工期。

7）议价行为与项目绩效

议价是买卖双方通过协商确定一个双方均愿接受的价格过程。议价的协商方式和协商效果与关系水平紧密相关。高关系水平意味着协商更加合作，议价周期快，达成的价格更加合理，对生产活动影响小。低关系水平意味着协商更加竞争，议价周期慢，由于信息不对称性，达成的价格可能更高，对生产活动影响大（Laryea、Hughes，2007；闫波，2004）。合同价格高低影响项目成本高低，协调快慢影响项目工期。

3.5 构建工程项目交易治理概念模型

在对工程项目特征、委托人工程项目交易治理策略和代理人生产交易行为分析的基础上，细化工程项目交易治理相关各要素的作用关系，构建工程项目交易治理概念模型如图3.3所示。

委托人工程项目交易治理策略影响项目任务与流程特征和代理人生产交易行为选择；代理人基于项目任务与流程特征以及委托人治理策略选择生产交易行为；委托人基于项目任务与流程特征、代理人生产交易行为规则以及治理策略下涌现的可能项目绩效选择治理策略。项目绩效涌现于委托人项目交易治理策略、代理人、项目三者之间的行为交互。这些要素之间的作用关系，即工程项目交易治理机制，如图3.3所示。

1）委托人工程项目交易治理策略与项目任务流程的关系

（1）委托人工程项目交易治理策略对项目任务流程的安排与影响

工程项目交易治理策略对工程项目任务与流程的安排与影响主要体现在发包方式上。工程项目交易治理策略宏观层面的发包方式在设计和施工流程安排上表现为设计和施工的顺次流程和搭接流程，对施工任务的不确

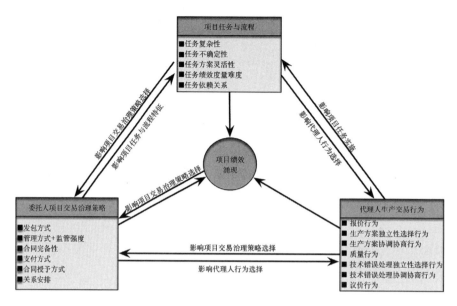

图 3.3 工程项目交易治理概念模型

定性产生影响。顺次流程时，设计充分，设计变更少，施工任务的不确定性低。搭接流程时，设计错误多，设计变更多，施工任务的不确定性高。发包方式对设计和施工以不同方式进行分解发包，产生了不同的任务依赖关系，组织内依赖和跨组织依赖。

（2）工程项目特征对委托人工程项目交易治理策略选择的影响

不确定性意味着风险，风险水平影响着支付方式的选择（Puddicombe，2009）。不确定性可以分为产品不确定性和流程不确定性。产品不确定性高，意味着交易治理应选择充分设计再施工发包的模式。否则，可以对设计和施工进行分解发包或是整体发包。分解发包，可以选择设计—施工顺次流程安排，如施工总承包模式；也可以选择设计—施工搭接流程安排，如平行发包模式。

任务的灵活性意味着方案优化空间大。灵活性越高，激励的必要性越大，可以采用总价合同或是目标合同，以激励代理人。

工程项目如果包含较多的异质性任务，意味着市场上通常缺乏拥有所有技术能力和资源的公司独立完成项目，事实上也是如此。这意味着项目需要必要的分解发包，确保人员的专业化。这使得项目配置复杂的组织结构，包括专业、职位和更多的项目参与方（柯兹纳，2010；Scott、Davis，2011）。

任务互依性产生协调需求，任务互依性越高，意味着需要更多的资源投入到协调活动（Scott、Davis，2011）。委托人面临着跨组织协调和组织内协调的选择，也就是通常所说的 Make or Buy（制造或购买）问题（沙凯逊，2013）。当然，对项目来说，通常 Buy（购买）是理性选择（柯兹纳，2010；沙凯逊，2013）。主要从一家购买，还是从多家购买，取决于协调成本、代理成本以及工期的综合权衡。跨组织协调成本大，但能够充分利用市场的专业化资源，代理成本（即合同价格）低。组织内部协调成本小，但面临着代理成本高的问题。

任务绩效度量难度是一种信息不对称表现，任务绩效度量难度越大，意味着通过监管保证工程质量的效果越差，可以通过关系以减少代理人的质量机会主义行为。另外，成本补偿合同对质量有利，但是会面临成本风险（Turner，2004；乐云、李永奎，2011）。

2）委托人治理策略与代理人生产交易行为之间的交互影响

（1）委托人工程项目交易治理策略对代理人生产交易行为的影响

委托人的工程项目交易治理策略为代理人的生产交易行为构建了制度环境，如支付方式、合同完备性、监管强度、合同授予方式。发包方式和管理方式构建了任务依赖关系，合同授予方式等合同安排还构建了关系。

（2）代理人生产交易行为对委托人工程项目交易治理策略选择的影响

代理人有机会主义行为倾向，如报价过高、议价过程中敲竹杠、生产方案选择的利己行为、质量机会主义行为。

在合同授予方式上，委托人可以利用竞争或是长期合作关系促使代理人报合理价（Laryea、Hughes，2007）。然而，过度利用价格竞争性会导致关系敌对，且面临合同实施过程中的敲竹杠风险和质量机会主义风险（Ng et al.，2002；Williamson，1985）。虽然，合同完备性安排会降低敲竹杠风险，但是对工期不利，同时导致事前交易成本增加，合同不适应性风险增加（Williamson，1985）。监管可以防范代理人的质量机会主义，但是，监管会增加交易成本，过度监管还对工程进度产生不利影响（Williamson，1985）。另外，关系可以一定程度上规避代理人的质量机会主义，不过关系是有成本的（尹贻林等，2011）。显然，委托人的项目交易治理策略选择需要对这些相互冲突的因素进行综合考虑。

3）代理人与项目任务之间的关系

代理人根据项目特征和委托人治理策略按照其生产交易行为规则报价、协商议价、实施项目任务。这一部分在上一节工程项目代理人生产交易行为规则中已经进行了详细阐述。

4）项目绩效是委托人、代理人与工程项目综合交互涌现的结果

项目绩效是在特定的市场特征、项目特征和业主特征下，委托人（工程项目交易治理策略）、代理人（生产交易行为规则）与项目（任务与流程）综合交互涌现的结果，如图3.3所示。

5）委托人的工程项目交易治理策略选择

综上所述，委托人的项目交易治理策略需要考虑的因素包括项目特征、代理人行为规则、市场特征、自身特征、项目基本目标及偏好。这些因素关系非常复杂，工程项目交易治理策略对代理人行为及项目工期、质量、生产成本（项目合同价格）、交易成本有着不同的影响。现有的工程项目交易治理策略设计与决策方法包括基于经验判断和简单定性分析的方法、基于理论分析的方法、基于多属性决策方法、基于实证分析的统计回归方法、基于治理视角的概念性分析方法等，都不能综合考虑前述因素及作用关系，不能对采取的工程项目交易治理策略可能的项目绩效结果进行全方位判断和预测。因此，基于这些方法进行的工程项目交易治理设计通常不尽人意。

计算机建模与仿真方法，尤其是基于Agent的建模与仿真方法，为分

析工程项目生产交易复杂系统的复杂性关系提供了方法论和工具。我们可以借助于计算机强大的计算分析能力，在综合分析项目特征、市场特征和委托人自身特征下，委托人（工程项目交易治理策略）、代理人和项目综合交互涌现的可能项目绩效结果，结合业主的基本目标及目标偏好选择恰当的项目交易治理策略。

3.6 小结

本章研究了工程项目交易治理机制，它是工程项目交易治理计算的基础。

系统梳理工程项目交易治理模式选择影响因素，发现现有工程项目交易治理模式选择考虑的因素可以归结为四个主要方面：项目特征因素，市场特征因素，业主的自身特征因素，业主对风险分配、参与度、项目实施过程和项目绩效结果的偏好因素。鲜有研究能够系统分析工程项目生产交易系统中众多要素之间的作用关系，及其与项目绩效的涌现关系。

从工程项目、委托人和代理人角度分析工程项目交易治理决策考虑因素，详细分析工程项目特征、委托人的工程项目交易治理策略以及代理人的生产交易行为及行为规则，阐释了项目绩效涌现机制，构建了工程项目交易治理概念模型，为工程项目交易治理设计与决策提供了一个较系统、较全面的理论基础。

第4章 工程项目交易治理计算概念模型构建

在CPOP和工程项目交易治理机制的研究基础上，结合交易成本经济学、代理理论、嵌入性理论和关系合同理论，构建了工程项目交易治理计算概念模型。工程项目交易治理计算概念模型包括模型输入、行为模拟和仿真输出。模型输入包括了交易模型、任务与流程模型、项目组织模型和Agent模型；行为模拟是对生产交易行为的模拟，包括对生产激励与约束的模拟、对组织内和跨组织生产沟通与协调的模拟，以及对生产交易异常及处理的模拟；仿真输出结果包括工期、项目成本、生产成本、交易成本、质量风险。

4.1 工程项目交易治理计算的基础分析

首先回顾了CPOP的基本原理，结合CPOP以及工程项目交易治理机制研究初步分析了工程项目交易治理计算的模型输入、行为模拟和模拟输出。

4.1.1 研究基础

工程项目交易治理计算研究的基础是可计算项目组织与流程模型（Computational Project Organization and Process，简称CPOP），CPOP是同济大学陆云波副教授及其团队针对中国情景下的组织行为开发的模型，该模型将项目组织假设为科层组织，基于信息处理观、协调理论构建项目组织与任务流程模型，模拟组织与任务间的行为交互，并涌现项目绩效。

CPOP的基本原理是：①将项目任务分为基础性工作、返工、程序性协调、非程序性协调四类；②将Agent执行任务模拟成信息处理过程，用工作量来定量表示任务的信息处理需求，用处理速度定量表示Agent的信息处理能力；③将项目流程模拟成基于任务之间依赖关系的信息处理需求；④将项目组织模拟成由Agent构成的基于协调结构的信息处理能力；⑤将Agent看作是具有有限理性和有限信息处理能力的主体，需要沟通和协调，并受协调结构的制约。通过显性工作、项目组织和Agent的建模输入，模拟项目组织和Agent的任务执行以及协调，最后输出各种定量结果来反映项目运行状况，CPOP模型如图4.1所示（陆云波等，2013）。

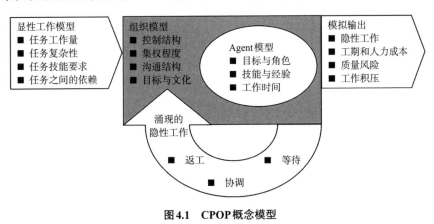

图4.1　CPOP概念模型

CPOP概念模型描述了项目组织与任务流程计算模型构建的基本积木、积木属性，以及模型仿真模拟的行为、交互关系，以及结果输出。CPOP定义了模型构建积木，包括组织、Agent、工作及其关联关系链；定义了显性工作的四个关键属性，包括工作量、复杂性、不确定性、技能要求；定义了任务依赖关系，包括顺序依赖、沟通依赖、返工依赖；定义了组织属性，包括团队经验、集权化、规范化和矩阵强度；定义了Agent的信息处理和谐调能力特征，包括技能、经验和工作时间；定义了两类生产异常：技术错误和不一致；定义了5种定量预测，包括隐性工作、工期、人力成本、质量、工作积压（陆云波等，2013）。显性工作、项目组织和Agent是初始输入，项目组织和Agent是显性工作的执行系统，隐性工作在显性工作执行过程中涌现出来，既是动态输出也是动态输入，工作、组织和Agent的特征属性决定了隐性工作的涌现及处理方式，最后输出各种定量结果来反映项目运行状况。

CPOP是工程项目交易治理计算的重要研究基础。CPOP从生产视角、管理视角构建项目组织，模拟科层制生产行为，而工程项目交易治理计算从交易视角、治理视角构建项目组织中的交易治理要素，模拟跨组织的生产交易行为，是对CPOP的一个重要拓展。

4.1.2 工程项目交易治理计算的初步分析

与CPOP相同，工程项目交易治理计算包括模型构建输入、行为模拟和模拟结果输出。工程项目交易治理计算模型的输入包括任务流程、项目组织、交易以表征工程项目交易治理模式，行为模拟刻画了Agent与任务、Agent间的生产交易行为交互，模拟结果输出表达项目治理效果。

工程项目交易治理机制研究厘清了工程项目生产交易系统中的委托人、项目、代理人之间的行为交互以及项目绩效涌现机理。从Agent建模与仿真的视角把这些工程项目生产交易系统构成要素、要素属性、要素交互关系通过模型构建、行为模拟和模拟结果输出进行表达。治理计算首先要能够反映治理系统构成基本要素、要素作用关系，以及项目绩效涌现机理，其次则要尽可能简化。

1）模型构建输入

工程项目交易治理体现于项目任务特征、流程安排、组织安排、具体交易安排。CPOP模型以项目组织的科层假设表达任务、流程和组织，工程项目交易治理计算模型还原项目组织是一种临时性组织，从交易视角考虑项目组织的跨组织关系特征，以及任务的跨组织协调等内容。在模型输入上，除了对工程项目交易治理的客观性因素进行建模外，还将中间性的治理结果进行建模输入，如合同签订时确定的价格。

宏观结构治理包括发包方式和管理方式，可以在CPOP的任务流程、项目组织和Agent的建模积木的基础上通过补充交易、跨组织关系、任务的跨组织协调关系进行表达。微观层面的治理包括具体交易的合同完备性、合同支付方式、合同授予方式、合同监管强度。对合同授予方式来说，招标方式和评标方式的选择不仅受关系影响，还塑造关系，如选择议标时，除了因为市场上能够提供产品和服务的代理人只有一个或是几个，主要考虑合作关系。本研究将合同授予方式相应内容约简为关系进行处理，交易积木的属性包括合同议价概率、合同支付方式、关系和合同监管强度。

在对工程项目交易治理机制的研究中，梳理出项目任务属性，包括不确定性、复杂性、灵活性和绩效度量难度。工程项目具有一次性特征，技术要求高，施工涉及大量的隐蔽性工程，通常来说，绩效度量难度较大。为了简化治理计算，将项目任务的绩效度量难度属性删除。

2）行为模拟与模拟结果输出

通过对不同工程项目交易治理情景下的生产交易活动模拟，定量化输出项目绩效结果。在工程项目交易治理机制研究中，梳理了代理人的主要生产交易活动包括生产方案独立性选择行为、方案协调协商行为、质量行为、报价行为、议价行为，并基于交易治理相关理论分析了代理人的生产交易行为选择规则。工程项目交易治理计算研究并不致力于对所有行为进行模拟，对影响因素多且复杂的行为、合同签订前的行为，利用人的经验比较和判断各种情景下的行为结果作为模型的输入，包括涉及多个参与方的方案协调协商所达成的方案在协调周期和工作量上的体现、多潜在代理人报价达成的合同价格。仿真模拟的行为包括生产方案独立性选择行为、质量行为和议价行为，并最终涌现和输出宏观项目绩效结果，包括工期、项目成本、生产成本、交易成本和质量。

4.2 工程项目交易治理计算概念模型构建

CPOP是工程项目交易治理计算的重要基础。CPOP以项目组织的科层假设为基础，将项目活动分为生产和协调，通过模拟分析项目组织与任务流程的微观交互涌现项目宏观绩效来设计和优化项目组织。工程项目交易治理计算在CPOP基础上进行拓展,从跨组织交易视角构建任务与流程模型、项目组织模型、交易模型、Agent模型,模拟分析工程项目交易治理安排下的项目组织与任务流程间关于交易、生产、生产协调的微观交互涌现项目治理效果,来设计和优化工程项目交易治理。

交易治理理论研究如何在交易不确定性、信息不对称、利益冲突情境下做出适当的治理安排,激励和约束代理人的生产行为,防范生产活动中的道德风险和事后议价过程中的敲竹杠风险,降低生产协调成本、交易成本,以保证生产和交易效率(Puddicombe,2009;Williamson,1975;杨其静,2003;Eisenhardt,1989)。其中,代理理论基于完全合同假设从合同支付方式和合同监管角度分析了它们对生产行为的激励和约束作用(Puddicombe,2009;Eisenhardt,1989);交易成本经济学基于不完全合同假设,从交易成本视角分析了生产协调是置于科层内还是组织间(Williamson,1975;杨其静,2003)。嵌入性理论和关系合同理论指出人的行为并不能简单地认为具有机会主义行为倾向,而应注意到关系对行为的影响,这一认识修正了代理理论和交易成本经济学关于人的机会主义行为假设所带来的社会化不足的问题(刘世定,1999;Granovetter,1985;Macneil,1980)。交易成本经济学、代理理论、嵌入性理论和关系合同理论为工程项目交易治理计算模型提供了理论基础。

对工程项目交易治理计算概念模型的构建如下:

(1)拓展CPOP关于工程活动的基本分类,将工程活动分为基本生产工作(方案选择与方案执行)、返工(即技术错误的处理)、程序性生产协调(包括组织内和跨组织的沟通交流和生产方案协调)、非程序性生产协调(包括组织内和跨组织的技术错误处理)、基本交易活动(合同签订和基本合同监管)、再议价活动(包括合同未约定部分的议价活动和非代理人技术错误处理相关的议价活动)。前四类为生产及生产协调活动,后两类是交易活动,如图4.2所示。

活动类型		显性活动	隐性活动		
活动类型	生产	基本生产工作	返工	否	是否跨组织
	生产	基本生产工作	返工	是	
	生产协调	程序性生产协调 （组织内沟通交流、生产方案协调）	非程序性生产协调 （组织内技术错误处理）	否	
		程序性生产协调 （跨组织沟通交流、生产方案协调）	非程序性生产协调 （跨组织技术错误处理）	是	
	交易	基本交易活动 （合同签订、基本合同监管）	事后议价	是	

图 4.2 工程活动分类

（2）将Agent执行任务、参与生产协调活动、处理交易活动，模拟成基于能力和（或）决策偏好的信息处理过程和决策过程，用工作量、沟通交流概率、方案协调会议、议价概率来定量表示任务的信息处理和决策需求，用处理速度来表示Agent的信息处理能力，用角色以及交易治理的合同、关系和监管安排来界定Agent的决策偏好。

（3）将工程任务流程模拟成基于任务及其依赖关系的信息处理需求和决策需求；将工程项目组织模拟成由Agent构成的基于具体交易治理和工程项目组织治理结构的信息处理能力和决策偏好。

（4）Agent具有有限理性、有限信息处理能力和自利性，会出现技术错误异常（客观性的技术错误是由人的有限理性造成的、主观性的技术错误是代理人的质量机会主义行为表现）以及沟通交流、方案协调和议价需求，这些异常和活动的出现及处理方式受任务与流程、具体交易治理和工程项目组织治理结构的制约。

工程项目交易治理计算概念模型总体架构如图4.3所示。交易模型、任务与流程模型、工程项目组织模型与Agent模型为输入模型，刻画生产交易系统的关键要素及其变量；行为模拟刻画工程项目组织（中的Agent）与任务、组织（中的Agent）与组织（中的Agent）交互关系，它们交互涌现的活动和行为既是动态输入也是动态输出,最后输出各种定量化结果来反映工程项目交易治理效果。

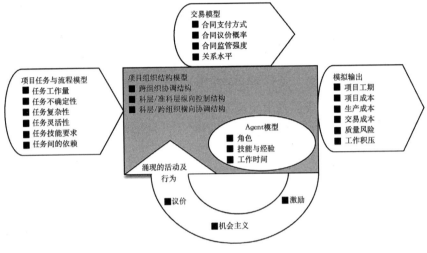

图 4.3 工程项目交易治理计算概念模型

4.3 工程项目交易治理计算输入模型

工程项目交易治理计算输入模型包括交易模型、项目任务与流程模型、项目组织模型与 Agent 模型,刻画了工程项目生产交易系统的关键要素及其属性。

4.3.1 交易模型

工程项目交易治理计算交易模型刻画了项目具体交易治理。基于代理理论和关系合同理论(Puddicombe,2009;杨其静,2002),工程项目交易治理计算模型从合同、关系、监管维度界定了项目具体交易治理的四个主要方面,即合同议价概率、合同支付方式、关系水平、合同监管强度。议价概率刻画了项目具体交易合同的不完备性安排,定义了项目任务实施过程中的议价异常涌现特质。支付方式定义了报酬计算方法,激励代理人实施项目任务。根据支付方式，项目交易治理计算模型界定了四类合同：单价合同、成本补偿合同、成本激励合同、固定价格合同。交易双方关系水平和结构性嵌入共同界定关系水平，界定了代理人生产交易行为偏好（Granovetter，1985；Reve、Levitt，1984）。监管可以有效防范代理人道德风险，监管强度定义了代理人的道德风险特质，以刻画代理人的质量机会主义行为偏好、技术错误处理偏好。

4.3.2 任务与流程模型

任务与流程刻画了不同工程项目交易治理下的基本生产、生产协调活动安排。

工程项目交易治理计算定义了基本生产工作的5个关键属性，即工程量、复杂性、不确定性、灵活性和技能要求。工程量、复杂性、不确定性以及技能要求的属性定义延续了CPOP相关界定。工作量指Agent完成基本工作需要花费的平均标准时间；复杂性、不确定性以及技能要求从不同维度表达了工作难度造成的Agent处理时间波动（陆云波等，2013）。灵活性表达了采取不同实施方案Agent所要花费标准时间的波动。基于交易视角，基本生产工作实施方式受到合同支付方式的激励，项目交易治理计算将灵活性表达为不同合同激励下Agent所要花费标准时间的波动。

工程项目交易治理计算从跨组织协调拓展了CPOP关于项目组织科层假设的任务依赖关系。CPOP基于科层视角定义了任务的顺序依赖、沟通依赖、返工依赖（陆云波等，2013），项目交易治理计算根据协调是否跨越组织边界进一步区分任务的组织内依赖和跨组织依赖，表达了项目兼具市场和科层特征的混合治理本质。

工程项目交易治理计算定义了生产协调会议，协调协商相关生产方案。

4.3.3 项目组织模型

组织结构是所有将劳动分解成不同任务和协调这些被分解的任务的途

径之和（Scott、Davis，2011）。项目作为一种兼具市场和科层特征的混合治理结构，包括生产任务协调、关于产品和服务的交易协调。生产协调在交易协调框架下完成，生产协调结构包括科层式和准科层式的纵向控制结构、科层式和跨组织的横向沟通结构。交易协调包括基于事前不完全市场合同的交易协调、基于事后协商议价的交易协调（Turner，2004；沙凯逊，2013；Stinchcombe，1985）。工程项目交易治理计算将合同治理、关系互动作为任务协调的实现方式。总结来说，工程项目交易治理计算模型将项目组织结构定义为处理生产协调的科层式和准科层式纵向控制结构、科层和跨组织横向沟通结构，以及处理事后交易协调的跨组织协商关系结构的混合结构。

科层式和准科层式纵向协调结构定义了Agent之间的监督和汇报关系。当生产性异常发生后，该结构决定了Agent应向谁汇报。合同监管强度越高，生产异常越有可能上报给管理咨询、业主。

科层式和跨组织横向协调结构定义了哪两个Agent需要就工作进行信息交换。当两个任务存在横向协调依赖时，对应的Agent就产生沟通交流需求。当具有科层关系的Agent有着共同的上层目标时，则越有可能参与沟通交流；当具有跨组织关系的Agent有着不同组织目标或是目标冲突时，则会出现更多不参与或是低效参与沟通交流的情况。

跨组织协商关系结构定义了Agent间就交易价格的平等协商关系。当议价需求发生时，该结构决定哪几个Agent进行协商。关系水平影响了议价的协商方式。当关系水平高时，协商将更可能以合作的方式进行，协商周期快，达成的价格更加公平合理。当关系水平低时，代理人更可能会敲竹杠，业主更容易面临套牢问题，协调周期慢，最终达成的价格可能要远高于原合同价格水平（Stinchcombe，1985；Kujala et al.，2007）。

4.3.4 Agent模型

工程项目交易治理计算基于项目组织成员特质和有限理性理论，界定了Agent的基本特质。将技能、经验和工作时间定义为Agent的信息处理、基本协调能力特质；将角色定义为Agent的行为决策偏好特质：是否参与沟通、是否返工、是否采取质量机会主义行为、是否向管理咨询与业主汇报等。角色包括项目组织角色和岗位角色，项目组织角色包括业主、咨询和承包商，岗位角色包括项目经理、团队领导和团队成员。项目交易治理计算界定承包商角色承担施工或是设计—施工工作。

Agent的行为决策偏好不仅取决于Agent的基本特质，还受交易治理影响，包括支付方式、监管强度、关系水平。

4.4 工程项目交易治理计算行为模拟

工程项目交易治理计算模拟项目生产交易行为，包括模拟交易治理对项目生产活动的激励与约束，模拟科层、准科层和跨组织生产沟通与协调，模拟生产交易异常及其处理。

4.4.1 模拟工程项目交易治理对生产活动的激励与约束

工程项目交易治理计算中的激励与约束指交易治理维度支付方式、监管、关系对成本缩减、质量提升的激励，以及对质量行为的约束（Puddicombe，2009；王晓州，2004）。

1）激励行为模拟

受到合同支付方式的激励，承包商实施项目任务时存在方案选择偏好，使实际工程量存在差异。在总价合同和激励合同下，代理人有降低成本的动机，更有可能使工程量减小；而成本补偿合同下，代理人缺乏降低成本的动机，工程量可能增加。

在面对技术错误处理时，报酬计算方式通过决定代理人的技术错误处理是否得到补偿，从而影响其处理行为。相较于其他合同支付方式，成本补偿合同下处理技术错误会获得补偿，代理人更可能处理技术错误，从而有利于项目质量。

2）约束行为模拟

信息不对称情境下，承包商基于自身利益的考虑会在实施项目任务时偷工减料，即主动性技术错误；承包商在处理客观性技术错误时，会倾向于忽略或是低成本低效果的修正处理。监管和关系分别通过基于正式合同的控制手段和基于非正式的社会控制手段对这些机会主义行为产生约束，降低代理人主动性技术错误，增加代理人客观性技术错误的返工处理，从而有利于项目质量。

4.4.2 模拟科层和跨组织生产沟通与协调

生产沟通与协调包括了决策信息提供与获取、实施方案协调一致。工程项目交易治理计算将其表达为横向沟通和生产协调会议。

根据交流主体关系类型，横向沟通交流分为科层式横向沟通和跨组织横向沟通。不同于基于共同的目标或是职权的科层式横向沟通交流，来自不同企业的项目组织与组织之间是一种跨组织关系，他们拥有不同的目标，缺乏合作动机，更可能不参与或是低效参与沟通交流，从而增大了技术错误概率（Xue et al., 2010）。生产协调会议协调具有相互依赖关系的任务实施方案，来自不同企业项目实施团队的目标和利益不一致常常使得他们在生产协调过程中更倾向于隐藏不利于自己的信息以获得一个对自己有利的生产方案。目标和利益不一致、缺乏沟通意愿使得生产协调时间长，而且最终的实施方案通常也不是最好的。

4.4.3 模拟生产交易工作异常及处理

有限理性导致项目生产交易异常，产生异常处理需求。工程项目交易治理计算模型中的生产交易异常包括技术错误和议价两类。

1）模拟技术错误及其处理

技术错误作为生产异常，对工程质量不利，会引发一系列的异常处理工作和决策程序。根据产生的原因以及是否会直接导致后续工作产生技术错误，技术错误分为职能失误、项目失误。职能失误是由自己原因导致的且不影响后续工作，项目失误则是由前序工作技术错误导致或是会导致后续工作产生技术错误，会引发索赔。

技术错误的产生源于人的有限理性或是主动性机会主义行为。人的有限理性与个人能力、经验有关；主动性机会主义行为，即业主面临的代理风险，与合同监管强度、关系水平有关。

技术错误处理分为自我处理、向上汇报两大类，取决于合同监管强度。技术错误的具体处理措施包括忽略、修正、返工，采取哪种处理方式取决于Agent的利益诉求，与角色、合同支付方式、关系水平有关。业主更倾向于返工处理，成本补偿合同下代理人更可能返工，高关系水平情境下代理人更可能返工。

2）模拟议价及其处理

议价作为交易异常，根源于项目不确定性及合同不完备安排、非代理人原因技术错误的处理（即项目失误处理）。交易的锁定效应、交易双方潜在的利益冲突以及信息不对称使得代理人很可能在索赔上敲竹杠，索赔价格显著高于原合同价格水平，为了迫使委托人就范采用先议价后干的策略，这不仅增加了项目成本，还影响项目的顺利推进。关系影响了代理人的敲竹杠行为，体现在议价的方式是更加合作还是更加竞争。关系水平高，协商更加合作，价格更加合理，协商周期短，越倾向于先干后协商，对工期影响小。关系水平低，协商更加竞争，价格更可能偏高，协商周期会更长，越可能是先议价后干，对工期影响较大（Murtoaro et al.，2005；闫波，2004）。

4.5 工程项目交易治理计算模拟输出

工程项目交易治理计算模拟输出6个定量化宏观项目绩效指标，即工期、项目成本、生产成本、交易成本、质量风险和工作积压。

工期、成本、质量是检验工程项目交易治理效果最基本的效率指标（Al-Meshekeh，2001）。工期为任务、项目、项目群的时间跨度。项目成本包括项目生产成本和项目交易成本。生产成本为项目所有设计、施工等合同的结算价格之和。交易成本是业主围绕特定项目进行招标、签约、合同监管、事后议价所投入的人力资源、管理咨询成本之和。质量风险是技术错误被忽略的比例，技术错误分为两类：源于有限理性而不可避免的客观性技术错误和源于机会主义行为产生的主观性技术错误。恰当的项目交易治理能够有效减少客观性技术错误发生、有效处理客观性技术错误、有效规避主观性的技术错误。工作积压为某一时间点上Agent处理箱中的工作量之和。工作积压会影响相关工作的顺利开展，同时会产生事件的优先级处理，导致质量异常处理概率偏低，进而导致更高的质量风险。

4.6 小结

本章构建了工程项目交易治理计算概念模型。计算概念模型是从Agent建模的视角，分析建模输入、仿真机理和仿真输出。建模输入提炼现实系统的关键要素为建模积木与积木属性，仿真机理刻画积木交互关系，仿真输出为积木交互涌现的结果。基于CPOP和工程项目交易治理机制的研究，对治理相关要素及属性进行约减与补充，结合交易成本经济学、代理理论、嵌入性理论和关系合同理论，构建工程项目交易治理计算概念模型。项目交易治理计算概念模型包括模型输入、行为模拟和模拟输出。模型输入包括了交易模型、任务与流程模型、项目组织模型和Agent模型；行为模拟是对生产交易行为的模拟，包括对生产激励与约束的模拟、对组织内和跨组织生产沟通和协调模拟、对生产交易异常及处理的模拟；模拟输出结果包括工期、项目成本、生产成本、交易成本、质量风险等。

第 5 章

工程项目交易治理计算实现

基于程序开发实现了工程项目交易治理计算平台。首先，分析工程项目交易治理计算实现路径，选择开放平台。基于工程项目交易治理计算概念模型和ProjectSim设计工程项目交易治理计算平台包括Contract模块设计、Process模块设计、Charts模块设计和积木交互设计，并通过程序开发实现工程项目交易治理计算平台。

5.1 工程项目交易治理计算实现路径分析

工程项目交易治理计算实现有封闭模型、开放平台两大基本路径。

封闭模型针对特定工程项目交易治理问题建模，包含了大量的模型构件，即构建模型的积木，用于表达工程项目采用特定交易治理模式下的任务与流程、项目组织、组织与任务执行关系、组织间的交易关系与监管关系等安排。封闭模型只针对特定问题建模，模型积木不具有可复用性，构建其他工程项目的交易治理问题时，需要重新编程。采用封闭模型的治理计算实现路径将使模型限定于特定项目的研究，当前绝大多数仿真研究采用了封闭模型。

开放平台可以构建任意情境的工程项目交易治理问题，能够对工程项目交易治理这一类问题进行建模、仿真和优化研究。与封闭模型一样，开放平台也包含了大量的模型构件。不同之处在于开放平台中的模型构件具有可复用性，能够对任意项目情境及其交易治理进行建模，相较于封闭模型对不同的模型建模都需要重新编程，开放平台建模只需要在平台上可视化搭建模型，不需要专门编程，应用方便。不过平台开发工作量巨大，而且平台有效性验证是一个挑战，且验证难度大，是一个不断迭代的过程。

项目管理研究领域的VDT和CPOP相应的软件程序开发属于开放平台。

本研究对标能够应用于实践的VDT和CPOP,将治理计算平台能够对各种情境的工程项目交易治理进行建模、仿真、优化,并指导实践作为最终研究目标,因此,将开放平台作为治理计算实现的路径。

5.2 工程项目交易治理计算平台设计

Agent建模和仿真程序包括可视化建模编辑器、Agent仿真引擎、图示化模拟结果解释器。设计工程项目交易治理计算平台的程序架构如图5.1所示,建模编辑器用于构建可视化工程项目交易治理模型,生成模型数据文件,仿真引擎读取模型数据,根据工程项目交易治理计算平台设定的Agent与任务、Agent与Agent之间的交互规则模拟生产交易行为,将模拟数据写入模拟数据文件,待模拟结束后,结果解释器通过图表可视化的统计和解释模拟数据。

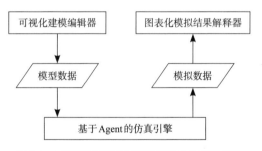

图5.1 工程项目交易治理计算平台的程序架构

按照程序架构,总体设计治理计算平台具体为:设计平台构成模块、设计模块包含的积木、设计积木交互规则。工程项目交易治理计算平台开发的基础是以CPOP为基础开发的ProjectSim软件,该软件由Process模块、Organization模块、Charts模块构成。在Process模块、Organization模块中构建输入模型,通过模型要素行为交互模拟输出结果在Charts模块显示。在Process模块构建项目任务与流程模型、项目组织模型和Agent模型，在Organization模块构建参与项目的组织模型，在Charts模块图表化显示模型要素交互涌现项目交易治理的效果。工程项目交易治理计算平台将CPOP关于项目组织的科层假设还原为项目组织是由一系列交易合同构建的临时性组织，增加Contract模块，用于构建项目交易模型，在Process模块增加积木以描述项目组织中的跨组织关系，Organization模块完全参照ProjectSim设计，在Charts模块增加生产成本（即交易合同价格）、交易成本结果输出。

5.2.1 Contract模块设计

1）Contract模块积木及其属性设计

组织就交易签订合同，设计Contract模块两大积木为组织和合同。根据交易成本经济学、代理理论、嵌入性理论、关系合同理论、工程管理理论对合同变量的研究，设计合同属性包括项目任务、合同支付方式、监管强度、关系水平（特指双边交易关系水平）、嵌入性关系水平（指具有非交易关系的管理咨询与代理人，以及具有协作关系代理人之间的关系水平）、议价概率。

2）积木关联关系设计

设计组织—合同的关联关系：合同发包链、合同承包链。

5.2.2 Process模块设计

1）Process模块积木及其属性设计

在Process模块构建任务流程与项目组织，设计积木包括任务、项目组织岗位、Agent、会议；这些积木属性一方面保留ProjectSim软件相关设计以体现项目组织中的科层和准科层关系，另一方面则增加积木属性以刻画项目交易及跨组织关系。具体来说，增加任务属性包括灵活性、单价、议价包，利用灵活性刻画支付方式对生产的激励效应，利用单价刻画任务的交易属性，利用议价包刻画交易合同的不完全属性，表征议价所涉及的任务工作量大小；增加项目组织岗位属性、组织类型以刻画项目组织中的跨组织关系，计算平台设计了业主、咨询、承包商三个组织类型。

2）积木关联关系设计

积木关联关系分为五大类，即任务间的依赖关系、项目组织岗位间的监管关系、项目组织岗位与任务的执行关系、项目组织岗位与生产协调会议的参会关系、生产协调会议与任务以及任务与任务的生产方案协调关系。

任务间依赖关系在继承ProjectSim相关设计以表征科层的基础上，拓展了沟通交流，分为科层内沟通交流和跨组织沟通交流两类。项目组织岗位与任务的执行关系、项目组织岗位与会议的参会关系继承了ProjectSim。拓展项目组织岗位间的监管关系分为科层内和跨组织两类，跨组织关系设计了不同的关系水平：高、中、低；拓展了生产协调会议与任务以及任务与任务的生产方案协调关系分为科层内和跨组织两类，以表达关系类型对协调方案（即工作量）的影响，表达工程项目交易治理模式下设计对施工任务的工作量的影响，以便于建模和不同治理模式的比较。

5.2.3 Charts模块设计

Charts模块显示模拟结果。设计模拟输出结果包括工期、项目成本、交易成本、质量风险、职位工作积压。工期、质量风险、职位工作积压的计算方式和结果输出与ProjectSim并无本质区别。从交易视角看，工程项目交易治理计算平台将项目成本分解为生产成本（除管理咨询合同外相关生产合同价格之和）和交易成本。项目成本、生产成本和交易成本的计算如下：

1）基本描述

初始输入工作量a，方案调整系数t，支付方式调整系数p。实际工作量为$a \times t \times p$，实际计价工作量根据支付方式确定，最终的合同价格还需要考虑技术错误处理补偿以及合同未约定部分议价。

2）成本计算

设置四个系数：激励调整系数 K，职能失误调整系数 S，议价调整系数 Y，工程失误处理补偿调整系数 P。当支付方式=总价合同，$K=1$，当支付方式=单价合同/激励合同/成本补偿合同，$K=0$；当支付方式=总价合同/单价合同/激励合同，$S=0$；当支付方式=成本补偿合同，$S=1$；Y 为价格调整系数，不需要议价，$Y=1$，需要议价，$Y=$ 议价价格调整系数；P 为工程失误处理补偿调整系数，不需要补偿，$P=0$，需要补偿，$P=1$。

合同结算价格=工作量 $b×(1/p)×$（原单价 $×Y$）$×k+$ 工作量 $b×$（原单价 $×Y$）$×(1-k)+$ 职能失误返工增加的返工工作量 $×$ 原单价 $×S+$ 工程失误返工增加的工作量 $×$（原单价 $×Y$）$×P$。

项目成本=合同结算价格+业主人力资源投入（FTE）$×$ 人力单价+管理咨询合同价格。

生产成本=（设计+施工）$×$ 合同结算价格。

交易成本=管理咨询合同价格+业主人力资源投入（FTE）$×$ 人力单价。

5.2.4 积木交互设计

积木交互刻画了工程项目生产交易系统中项目人员与任务、项目人员之间的交互。工程项目交易治理计算平台一方面继承 ProjectSim 软件程序关于 Agent 的任务执行行为、生产异常处理行为的设计，同时拓展了合同支付方式对生产的激励效应、关系与监管对生产异常出现概率及生产异常处理方式的影响、关系对议价处理方式的影响，基本关系如图 5.2、图 5.3 和图 5.4 所示。

图 5.2 为合同支付方式激励生产的模拟流程，支付方式、灵活性共同决定了方案决策偏好，最终体现于任务工作量，其与支付方式共同影响了项目成本。图 5.3 为生产异常产生及其处理的模拟流程，任务复杂性、依赖强度、技能匹配、支付方式、监管、关系共同决定了技术错误产生及其处理方式，技术错误处理方式直接对工期、质量产生影响。图 5.4 为议

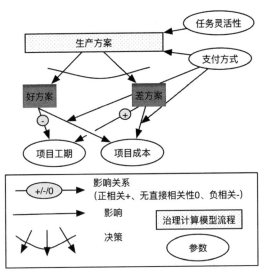

图 5.2　合同支付方式对生产激励的模拟流程

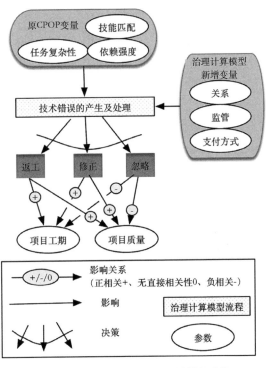

图 5.3　生产异常产生及处理的模拟流程

价产生及其处理的模拟流程，议价概率、项目失误概率共同决定了议价需求，议价以偏合作或是偏竞争的方式进行受关系水平的影响，影响工期和项目成本。积木交互方式可参见4.4关于行为模拟的详细论述。根据项目交易治理系统要素、要素属性及要素交互作用关系，设计相应的Agent行为矩阵以表征积木交互关系，具体有：关于支付方式的行为矩阵、关于监管的行为矩阵、关于关系的行为矩阵以及关于议价的行为矩阵。

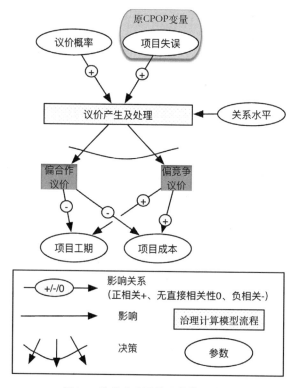

图5.4 议价产生及处理的模拟流程

5.3 工程项目交易治理计算平台实现

根据上述的工程项目交易治理计算设计进行程序开发实现治理计算平台。工程项目交易治理计算平台的开发是在ProjectSim软件程序基础上进行的增量式开发,现阶段开发的工程项目交易治理计算平台版本保留了ProjectSim软件程序所有的积木、模拟机理以及结果统计指标。

下面将图示化工程项目交易治理计算平台。图5.5是平台软件程序的基本界面。

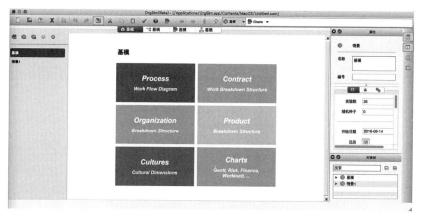

图5.5　工程项目交易治理计算平台基本界面

图5.6为工程项目交易治理计算平台的Contract模块,用于交易模型构建。

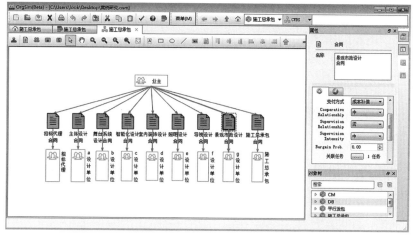

图5.6　工程项目交易治理计算平台Contract模块及建模示例

图5.7为工程项目交易治理计算平台的Process模块，用于任务与流程模型构建、项目组织模型构建和Agent模型构建。

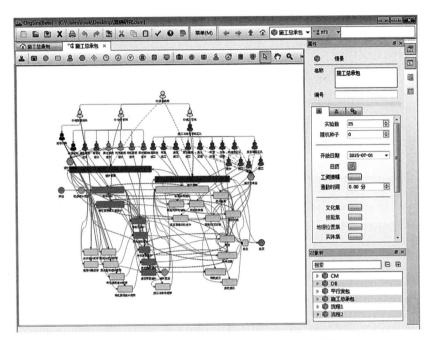

图5.7　工程项目交易治理计算平台Process模块及建模示例

图5.8为工程项目交易治理计算的Charts模块，模拟输出包括甘特、概览、进度延期、质量风险、人员工作积压、职位工作积压、项目群统计、任务统计等，这些输出涵盖了ProjectSim软件程序原有的结果输出统计指标，新增结果输出为项目群统计中的项目成本、生产成本、交易成本，如图5.9所示。

5.4　小结

本章通过程序开发实现了工程项目交易治理计算平台。分析工程项目交易治理计算实现路径：封闭模型和开放平台。本研究最终目标是能够

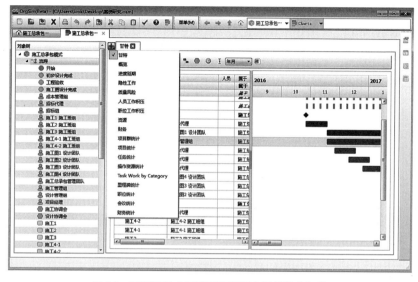

图5.8 工程项目交易治理计算平台模拟输出概览

图5.9 工程项目交易治理计算平台关于项目成本的模拟输出图表

实现对任意情境的项目进行建模与计算，最终选择开放平台的开发。基于工程项目交易治理计算概念模型和ProjectSim，对工程项目交易治理计算平台进行设计，包括Contract模块设计、Process模块设计、Charts模块设计、积木交互设计，并进行程序开发实现了工程项目交易治理计算平台。

第 6 章

工程项目交易治理计算平台有效性验证

对工程项目交易治理计算平台的有效性进行验证，验证内容包括需求验证、表面验证、过程验证、理论验证和实证验证。需求验证、表面验证、过程验证为非实验验证，确保工程项目交易治理计算平台的积木及积木属性能够充分刻画工程项目交易治理系统并能够进行计算分析、基本假设可信、模型的微观结构符合现实系统。理论实验和实证验证为实验验证，通过细小实验、综合实验确保模型的输入和输出结果符合已有结论和专家经验判断，对行为矩阵进行校核。

6.1 有效性验证内容的确定

回顾仿真模型有效性验证相关研究，结合工程项目交易治理计算平台的特点确定有效性验证的内容与方法。

6.1.1 仿真模型有效性验证

模型的有效性验证是仿真研究的核心问题之一（Thomsen et al., 1999；Michael、Charles，2007）。美国国防部提出的仿真系统VV&A验证细则是自然工程领域相对权威的仿真模型验证方法。VV&A验证细则用来验证计算组织模型有效性时存在局限，其并不能有效捕捉基于Agent的组织仿真模型（又或称计算组织模型）从微观活动涌现宏观现象的本质特征（王红丽、陆云波，2014）。当前还没有发展出比较完美的普世方法以验证计算组织模型有效性（廖守亿，2015）。

Carley和Prietula基于迭代的模型验证框架来验证计算组织仿真模型，具体验证过程包括：初步描述个体行为或Agent行为以及相关数据；

将这些描述转变为可执行给定数据的功能函数模型；运行该模型，检验初始结果；根据初始结果更新模型中的行为定义，再次运行模型，直到模型能够实现目标系统的行为和结果（Carley、Prietula，1994；Michael、Charles，2007）。Levitt等基于特定的情景来设计实验路径和方法验证计算组织仿真模型，这种方法对于中宏观层面验证具有良好的验证效果（王红丽、陆云波，2013；Thomsen et al.，1999）。

Sargent（1992）提出了模型验证的"三角"框架（目标系统、概念模型和计算模型）。目标系统是研究的客观世界，概念模型是目标系统的形式化定义与描述，计算模型是由概念模型转化为可以在计算机系统中运行的可计算模型，模型验证是对两两之间进行校核与确认。Louie和Carley（2008）进一步发展和完善了该验证框架，将目标系统细化为问题域、建模目的和参照系，作为模型验证的情景；模型验证分为概念模型验证、操作模型验证和数据效度验证三个模块，并将数据效度验证置于"三角"框架的核心。计算模型校核则是要保证计算模型的输出与概念模型一致。

Michael、Charles（2007）提出了Agent仿真模型验证的七个方面，具体模型验证可选择：

（1）需求验证：模型验证需要定义其需求和模型可解决的现实问题。模型解决的问题正确吗？问题有没有改变或在重要性上是否有所转移？

（2）数据验证：模型中使用的数据是否得到验证？

（3）表面验证：从系统层次来看，模型所基于的假设是否看起来可信？模型结果是否正确？

（4）过程验证：模型中的步骤和模拟的内部流程是否符合现实系统？

（5）模型输出验证：如果现实系统是可用于研究的，那么模型输出是否与现实系统输出相匹配？

（6）Agent验证：Agent模型中由于存在Agent，所以需要额外的模型验证，同时Agent行为、Agent关系和Agent交互过程都需要验证，而且还需验证Agent行为和交互机制是否符合现实中的Agent。

（7）理论验证：模型中关于Agent或进程的相关理论是什么？该理论有效吗？模型是否有效地利用了该理论。

陆云波等（2013）从理论和实践两个方面验证了CPOP模型有效性。模型的理论有效性验证主要借助于领域专家、科技文献、经验数据，通过设计推理实验、细小实验、综合实验进行验证；模型的实践有效性则根据真实工程数据进行检验。

廖守亿（2015）认为描述有效、预测有效是Agent仿真模型有效性确认的两种方法。描述有效、预测有效分别在系统微观级、宏观级对Agent仿真模型进行有效性确认，当宏观级数据可以获取时，必须采用预测有效性方法来确认，而当宏观数据不能获得时（如人工系统、概念阶段的复杂工程系统），必须采用描述有效性方法来进行模型有效性确认。而当宏观与微观数据可同时获取时，必须将二者结合起来进行模型有效性确认。这两种确认又或称为外部确认、内部确认。廖守亿等（2015）同时指出Agent仿真模型的验证与确认过程，主要集中于方法本身的逻辑分析，而不是通过具体的仿真结果和案例研究来验证其原理。

从验证方法来看，Agent模型研究主要采用非实证方法，占到95%；非实证方法中最为常用的是领域专家、定性行为比较，实证方法占到0.5%；综合运用实证方法和非实证方法占到4.5%（Rousseau et al., 1998）。

总结来说，Agent仿真模型需要具有微观模型、宏观结果的双重信度，模型验证并非一蹴而就，而是一个不断修正、验证，反复迭代的过程。

6.1.2 工程项目交易治理计算平台有效性验证内容的确定

综合上述仿真模型的验证方法，工程项目交易治理计算平台验证主要进行了需求验证、表面验证、过程验证、理论验证和实证验证（Michael、Charles，2007；陆云波等，2013）。通过需求验证确保工程项目交易治理计算平台能够实现工程项目交易治理计算；通过表面验证确保工程项目交易治理计算平台的基本假设是可信的；通过过程验证确保微观模型中的步骤和模拟流程的可信性；通过理论验证和实证验证确保模型输入和宏观结果输出符合已有结论和专家经验判断，确保行为矩阵参数设置的有效性。理论验证、实证验证属于实验验证，其他验证为非实验验证。

6.2 非实验验证

工程项目交易治理计算平台非实验验证包括需求验证、表面验证和过程验证。

（1）需求验证。通过访谈建模领域专家、工程项目管理领域专家确保工程项目交易治理计算平台满足需求验证。工程项目交易治理计算平台包含了交易、任务、（科层和跨组织）任务依赖关系链、项目组织岗位、（科层和跨组织）岗位监管关系等积木，可以构建各种工程项目情景下的交易治理模型，能够模拟分析各种交易治理策略的治理效果，满足最初研究设定的研究目标，即工程项目交易治理的可计算。

（2）表面验证。通过访谈工程项目管理领域专家，确保工程项目交易治理计算假设可信。工程项目交易治理计算平台的两个基本假设是：①人具有有限理性和有限信息处理能力，在生产交易过程中会产生技术错误，有沟通交流、协调生产方案、协商议价需求；②人具有自利性的同时其行为受到嵌入性关系的约束。

（3）过程验证。通过建模专家判断，确保工程项目交易治理计算模型模拟流程符合现实系统。工程项目交易治理计算平台中的模拟流程一方面继承CPOP科层模拟，另一方面拓展CPOP模拟跨组织交易治理下的生产交易行为。工程项目交易治理计算拓展CPOP的主要模拟流程，如第5章的图5.2、图5.3和图5.4分别展示了支付方式对生产激励的模拟流程、生产异常产生及其处理的模拟流程、议价产生及其处理的模拟流程。相比于现实，模型的模拟流程需要必要的简化，如现实中的协商议价流程极其复杂，按照实际流程模拟并不实际，在模拟时主要简化为协商议价对相关人员的信息处理需求、协商议价的周期以协商议价可能结果等参数的设置。过程验证还包括根据专家判断对不同组织关系对沟通交流行为处理的参数设置。

6.3 实验验证

实验验证是通过设计实验，运行仿真程序，不断调整初始行为矩阵，确保仿真模拟结果符合理论、实践数据、经验数据的过程。通过实验验证模型仿真机理，具体包括理论验证、实证验证。

实验验证之前，需要进行实验基本设计，以确定实验内容和实验思路，并分析可能影响实验结果的因素，最后设计细小实验、综合实验对工程项目交易治理计算平台进行理论验证、实证验证。

6.3.1 实验基本设计

工程项目交易治理计算模型实验验证是在工程项目交易治理计算平台上设计实验（即构建情景模型）刻画项目特征及项目交易治理策略，运行仿真程序，不断调整初始行为矩阵，确保模拟结果符合工程项目交易治理相关理论、实践数据、经验数据、专家判断的过程。

1）实验基本思路

工程项目交易治理分为宏观结构治理和微观具体交易治理，宏观结构治理包括发包方式、管理方式，微观具体交易治理包括合同完备性、支付方式、关系、监管。实验验证主要通过设计细小实验和综合实验进行验证。设计细小实验校核行为矩阵，使项目交易的微观具体交易在合同完备性、支付方式、关系、监管维度上的治理策略与治理效果符合相关理论、实践数据、经验数据；设计综合实验校核行为矩阵，使项目交易宏观结构治理、微观具体交易治理的综合治理策略与治理效果符合相关理论、实践数据、经验数据。项目交易治理相关理论、实践数据、经验数据、专家判断是实验验证的参照系。

2）实验结果影响因素分析

仿真结果影响因素包括直接建模输入、仿真机理。直接建模输入是指与质量、成本和工期直接相关的输入，其依赖于建模专家对特定建模对象的综合判断，如合同单价、职能失误概率；仿真机理是计算机根据建模对象的客观参数输入，进行行为模拟得到治理效果数据的逻辑。这两个部分体现了工程项目交易治理计算平台应用的人机结合特征。可见，工程项目交易治理计算平台的有效性验证依赖于建模的准确性和行为矩阵的准确性。

综上，设计细小实验验证仿真机理，并不考虑直接建模输入的影响。而设计综合实验则综合考虑了建模输入、仿真机理。细小实验验证的参照系主要包括理论、研究结论、专家关于项目交易的基本治理策略与治理效果的关系判断。综合实验验证的参照系包括现实项目统计数据、专家对特定项目交易治理模式治理效果的经验判断。

6.3.2 细小实验验证

开展实验验证需要对实验验证进行设计、确定实验验证参照系、验证结果。

6.3.2.1 细小实验设计

1）实验目的

细小实验的目的是通过验证微观具体交易治理策略与治理效果的关系，以校核相关行为矩阵，从仿真机理上确保工程项目交易治理计算平台模拟仿真输出结果符合常识、交易治理理论、专家经验判断。模型验证参照系包括交易成本经济学、代理理论、关系合同理论关于交易治理策略与治理效果的基本关系，以及基于这些关系对工程管理领域专家半结构化访谈得到的量化关系。

2）实验设计

设计细小实验验证合同不完备性、支付方式、关系和监管与项目绩效的关系。

（1）验证合同不完备性与项目绩效关系的实验设计

合同不完备性对项目绩效的影响体现在工期和成本。合同不完备性对工期的影响体现在合同不完备性引发的事后议价对项目实施的影响，涉及议价概率、议价次数，工程项目交易治理计算平台通过模型建模进行表达。设计实验1.1、1.2、1.3、1.4验证和校核合同不完备性与生产成本的基本关系，设置主要参数如表6.1所示。

验证和校核合同不完备性与绩效关系的实验设计　　　　表6.1

实验	主要参数设置
实验1.1	议价概率=0
实验1.2	议价概率=0.1
实验1.3	议价概率=0.2
实验1.4	议价概率=0.3

（2）验证合同支付方式与项目绩效关系的实验设计

合同支付方式对项目绩效体现在工期、成本、质量。合同支付方式对工期的影响体现在承包商通过优化任务实施方案降低工作量。工作量减小的情况下，如果人员投入不变，项目工期必然减小。现实中更多的情景可能是承包商通过减少人员投入以保证工期按期完成而不是提前完工。因此，工期与建模时人员投入变量输入直接相关，不是实验验证的内容。

合同支付方式对成本的影响体现在承包商在承担源自计价方式和项目不确定性带来的风险时对项目任务单位报价，以及任务灵活性特征所带来的潜在方案优化空间。在工程项目交易治理计算模型中，单位报价变量作为一个输入变量，通过专家经验判断获取，不是实验验证内容；方案优化则是一个由支付方式、任务灵活性共同决定的函数，通过行为矩阵参数表达。

合同支付方式对质量的影响体现在技术错误出现概率以及技术错误处理方式。对于成本补偿合同，由于处理技术错误会有补偿，代理人更倾向于采取返工处理方式。对于固定总价合同，代理人的自利倾向会主动性的采取偷工减料措施获取利益，且降低了工程质量。细小实验主要验证合同支付方式对工程质量影响关系，设计实验2.1、2.2、2.3、2.4验证和校核合同支付方式与质量关系，如表6.2所示。

验证和校核合同支付方式与工程质量关系的实验设计　　　　表6.2

实验	主要参数设置
实验2.1	职能失误0.1；支付方式=单价合同
实验2.2	职能失误0.1；支付方式=总价合同
实验2.3	职能失误0.1；支付方式=成本补偿合同
实验2.4	职能失误0.1；支付方式=激励合同

（3）验证关系与项目绩效关系的实验设计

关系对项目绩效的影响体现在工程质量、议价行为以及与其直接相关的成本与工期。议价涉及议价概率、议价的次数以及每次议价对实施工期和交易成本的影响，属于过程验证的内容，不是细小实验验证内容。细小实验主要验证和校核关系与质量、与生产成本的关系，设计实验3.1、3.2、3.3验证关系安排与质量的关系，设计实验3.4、3.5、3.6验证关系安排与生产成本的关系，如表6.3所示。

验证和校核关系安排与工程质量、生产成本关系的实验设计　　　　表6.3

实验	主要参数设置
实验3.1	职能失误0.1；关系水平=高
实验3.2	职能失误0.1；关系水平=中
实验3.3	职能失误0.1；关系水平=低
实验3.4	议价概率=0.3；关系水平=高
实验3.5	议价概率=0.3；关系水平=中
实验3.6	议价概率=0.3；关系水平=低

(4)验证监管与项目绩效关系的实验设计

监管在防范代理人的质量机会主义行为的同时,增加了交易成本。交易成本体现在人力资源的投入,是模型建模的输入变量。实验验证主要验证监管强度与工程质量的关系,设计实验4.1、4.2、4.3验证监管强度差异对工程质量的影响,设置主要实验参数如表6.4所示。

验证和校核监管安排与工程质量关系的实验设计　　　　表6.4

实验	主要参数设置
实验4.1	职能失误0.1;监管强度=高
实验4.2	职能失误0.1;监管强度=中
实验4.3	职能失误0.1;监管强度=低

设置细小实验基本参数如图6.1、图6.2所示,业主将施工任务发包给承包商实施,投入必要的管理人员进行监督管理。设置实验基本参数如表6.5所示。具体实验设计与行为矩阵验证和校核对应关系如图6.3所示。

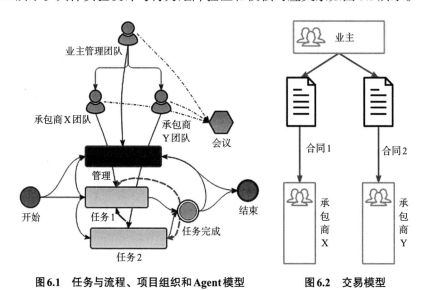

图6.1　任务与流程、项目组织和Agent模型　　　图6.2　交易模型

细小实验基本参数设置　　　　　　　　　表6.5

积木	属性	基本参数设置
管理	任务类型	监管+Mangement
	配置FTE	5
任务1/任务2	工作量	1500天
	灵活性	中
	复杂性	中
	不确定性	中
	议价包	100天
	单价	5K/day
	职能失误概率	0.1
	项目失误概率	0.1
	任务类型	工作量+Construction
合同1/合同2	支付方式	单价
	关系	中
	监管强度	中
	议价概率	0
业主管理团队	组织类型	业主
	角色	项目经理
	FTE	6
	计时工资	60
	固定工资	0
	经验	中
	技能	通用
承包商X团队/承包商Y团队	组织类型	承包商
	角色	团队成员
	FTE	40
	计时工资	0
	固定工资	0
	经验	中
	技能	通用

	实验1.1-1.4	实验2.1-2.4	实验3.1-3.3	实验3.4-3.6	实验4.1-4.3
生产异常		开	开		开
交易异常	开			开	
关系			开	开	
监管					开
合同支付方式		开			
议价概率	开				

图6.3 实验设计与微观行为矩阵

6.3.2.2 细小实验验证参照系

通过实验校核行为矩阵，使模拟结果符合细小实验验证参照系。细小实验验证参照系的确定主要基于项目管理常识、交易治理相关理论、基于数学分析的结论、专家经验判断等。

对项目交易治理相关变量做如下假设：合同单价为U，工作量为Q，合同不完备性为P_Q，合同支付方式P_t，事后议价工作包平均工程量为Q_n，一次事后议价的交易成本为C_t，事后议价达成的价格为U_n，技术错误概率为P_{TE}，关系水平为R，监管强度为S，工程质量风险为Q_r，所有变量均大于零。

1) 合同不完备性与成本关系验证的参照系确定

(1) 基于理论与数学分析的结论

交易成本经济学认为合同不完备性意味着更多的事后协商议价活动。事后协商议价一方面增加了业主的事后交易成本，另一方面使业主面临更多的敲竹杠风险，生产成本增加风险加大。

对于不完全合同来说，最终的合同价格由签订合同时明确部分的价格以及合同实施过程中确定的那一部分价格之和。即，最终的合同价格：

$$P_F = U \times Q \times (1-P_Q) + U_n \times Q \times P_Q = U \times Q + (U_n - U) \times Q \times P_Q$$

由于信息不对称性和锁定效应，合同实施过程中的代理人报价水平要比投标时的报价水平要高，业主面临着敲竹杠风险。由于沉没成本的存在，业主可能发现继续雇佣代理人是最优的策略（Roehrich、Lewis，

2010），因此 $U_n > U$，$U_n - U > 0$。可以判断 P_F 与 P_Q 成正比。即合同价格（或说生产成本）与合同不完备性成正相关关系。事实上，现实中也存在很多委托人具有较强谈判力的情况，即 $U_n < U$。不过，在这种情况下，代理人为了防范这种风险将初始报价 U 提到较高的水平，这使得比较基础 U 发生了变化，因此我们依然可以认为总体价格水平不低于 U。所以，如果把 U 看作是一个固定值，那么就得需要把委托人的谈判力假定的不是很强，这样就等效于以上两种情况，故合同价格（或说生产成本）与合同不完备性成正相关关系。

（2）基于专家的判断

对工程管理领域专家进行半结构化访谈获取合同不完备性与生产成本的基本关系数据。半结构化访谈的主要问题如下：

对于工程项目合同来说，假定完全合同的结算价格为1，委托人的谈判力不是很强的情况下，当合同不完全时，对最终的合同结算价格进行估计。

当合同的10%需要事后议价确定价格时，您估计最终的合同结算结果为____。

当合同的20%需要事后议价确定价格时，您估计最终的合同结算结果为____。

当合同的30%需要事后议价确定价格时，您估计最终的合同结算结果为____。

2）合同支付方式与工程质量关系验证的参照系确定

（1）基于理论的结论

由于人的有限理性，实施任务都会有一定概率的技术错误，当出现技术错误时，代理人会选择忽略或是返工，假设处理完后的技术错误比例为 $P_{TE}(P_t)$，则工程质量风险可以表达为 $Q_r = P_{TE}(P_t)$。

成本补偿合同，代理人的技术错误处理会得到补偿，因此技术错误通常会得到处理。单价合同、总价合同和成本激励合同，代理人的技术错误属于代理人责任，得不到补偿，返工处理产生的成本，将降低代理人的利润，代理人有忽略技术错误的倾向，而且，还有可能存在主动性的质量机会主义行为，扩大代理人利润。即，$P_{TE}(P_t=$成本补偿合同$) < P_{TE}(P_t=$单价合同/总价合同/成本激励合同$)$，所以，工程质量风险$Q_r(P_t=$成本补偿合同$) < Q_r(P_t=$单价合同/总价合同/成本激励合同$)$。相较于采用其他合同支付方式，采用成本补偿合同的工程质量更好。

（2）基于专家的判断

对工程管理领域专家进行半结构化访谈获取合同支付方式与工程质量的基本关系数据。半结构化访谈的主要问题如下：

对于工程项目合同来说，假定采用单价合同时（不考虑其他因素，或者说其他因素都在中间情况，如技术水平中等、组织间关系水平中等、监管中等，等等），工程质量风险可能为[__,__]，（其中0表示风险最低，1表示风险最高，0~0.25表示良好，0.26~0.5表示可接受，0.51~0.75表示预警，0.76~1表示不可接受。）

当采用成本补偿合同时，您估计工程质量风险可能升高/降低[__%,__%]。

当采用总价合同时，您估计工程质量风险可能升高/降低[__%,__%]。

当采用成本激励合同时，您估计工程质量风险可能升高/降低[__%,__%]。

3）关系与工程质量、生产成本关系验证的参照系确定

（1）基于理论分析的结论

根据嵌入性理论，事后协商议价达成的价格U_n可以看作是关系R的函数，用$U_n(R)$表示；事后协商议价的交易成本C_t是关系R的函数，用$C_t(R)$表示。关系水平高的时候，委托人和代理人更加合作，协商议价周期更短，达成的价格也更合理。因此，$U_n(R)$和$C_t(R)$都是递减函数。根据上述分析，最终的合同价格$P_F = U \times Q \times (1-P_Q) + U_n \times Q \times P_Q = U \times Q + [U_n(R) - U] \times Q \times P_Q$。因此，关系与生产成本成负相关。需要指出的是，这一结论是基于单价U固定的假设条件下分析事后协商议价得出。

根据嵌入性理论，质量行为可以看作是技术错误关于关系 R 的函数，表达为任务完成时的技术错误比例为 $P_{TE}(R)$。关系水平越高，代理人的行为越倾向于合作，采取的机会主义行为越少，当出现技术错误时，会更多的采取返工策略，$P_{TE}(R)$ 是一个递减函数，工程质量风险 Q_r 是一个递减函数。所以工程质量风险与关系水平负相关。

（2）基于专家的判断

对工程管理领域专家进行半结构化访谈获取（组织间）关系与工程质量、生产成本的基本关系数据。半结构化访谈的主要问题如下：

对于工程合同来说，假定（组织间）关系水平中等时，工程质量风险为 R_q。

当（组织间）关系水平高时，您估计工程质量风险可能升高/降低 [__%, __%]。

当（组织间）关系水平低时，您估计工程质量风险可能升高/降低 [__%, __%]。

对于工程项目合同来说，假定议价概率为 30%，关系水平中等时，合同结算价格为 P。

当（组织间）关系水平高时，您估计合同结算价格可能增加/减少 [__%, __%]。

当（组织间）关系水平低时，您估计合同结算价格可能增加/减少 [__%, __%]。

4）监管与工程质量关系验证的参照系确定

（1）基于管理常识的论点

监管水平 S 增加时，代理人的质量机会主义行为越容易被发现，代理人为避免或降低因机会主义行为而受到处罚，将减少质量机会主义行为，当出现客观性技术错误时也会更多地采取返工策略，$P_{TE}(S)$ 将减小，工程质量风险 Q_r 将减小，因此，监管与工程质量风险关系成负相关。

（2）基于专家的判断

对工程管理领域专家进行半结构化访谈获取监管水平与质量的基本关系数据。半结构化访谈的主要问题如下：

对于工程项目合同来说，假设当监管水平中等时，工程质量风险为Q_r。

当监管水平高时，您估计工程质量风险可能降低[__%,__%]。

当监管水平低时，您估计工程质量风险可能升高[__%,__%]。

6.3.3 综合实验验证

6.3.3.1 综合实验验证设计

1）验证目的

综合实验的目的是验证整体模型的有效性。

2）实验设计

业主的项目交易治理是在具体项目情景、业主自身状况、市场情景下做出的，可能存在的治理情景数量极多。先考虑项目情景，假设项目任务总数为A，任务的特征均有任务复杂性、任务不确定性、任务灵活性三种属性来刻画，每种属性均存在高、中、低三种可能状态，任务依赖关系数量为B，那么理论上的项目可能情景为$A \times 3 \times 3 \times 3 \times B = 27AB$种，进一步假设业主自身状态情景$C$种、市场情景$D$种、业主可采取的项目交易治理策略$E$种，那么可能存在治理情景为$27ABCDE$，假设每种情景至少有3种，那么情景总数至少为6561种，事实上现实中可能的治理情景数量要大得多。仿真研究无法像主流实证方法那样验证每一种情景，主要从微观模型结构、宏观结果来进行验证（廖守亿等，2015）。过程验证和细小实验已经通过微观模型结构、宏观结果进行了初步验证，综合实验将通过仿真模拟验证关于宏观结构治理和微观具体交易治理的综合项目交易治理方案的治理效果符合实证研究的结论，来进一步校核模型的行为矩阵。

综合实验的仿真模拟结果取决于仿真机理、建模输入数据。每个项目都有其独有的特征，面临的市场、业主的管理资源与能力均有多种可能情景，这些情景变量决定了建模参数。在设计综合实验时，将尽量避免这些情景变量差异对仿真结果的影响，将分析重点放在不同工程项目交易治理模式所产生的模型参数输入的差别及模拟结果差别。

DBB模式、CM模式、DB模式是工程实践中常用的项目交易治理模式。DBB模式又分为平行发包模式、施工总承包模式。设计四个综合实验5.1、5.2、5.3和5.4分别对平行发包模式、施工总承包模式、风险型CM模式和DB模式进行建模仿真模拟，如表6.6所示。通过模拟结果分析，校核行为矩阵验证整体模型的预测有效性。作为综合性实验，实验5.1～5.4对全部行为矩阵进行综合验证和校核。

综合实验设计　　　　　　　　　　表6.6

实验	模式
实验5.1	平行发包模式
实验5.2	施工总承包模式
实验5.3	CM风险型模式
实验5.4	DB模式

每种工程项目交易治理模式在任务与流程、管理方式安排上都可以做差异化处理。综合实验校核全部行为矩阵时，工程项目交易治理模式建模主要把模式区别表达出来，部分治理安排现实中可以做差异处理的，在综合实验中均做相同处理。四种交易治理模式基本安排如表6.7所示（Songer、Molenaar，1996；Pena-Mora、Tamaki，2001；Tenah，2001；Fahmy，2005；乐云，2004；陈柳钦，2005；王卓甫等，2010；乐云、李永奎，2011）。

工程项目交易治理模式建模主要参数设置如下：

1）任务与流程模型构建及参数设置

工程项目交易治理模型首先构建任务与流程模型。任务与流程有两大类，即设计—施工顺次展开、设计—施工搭接展开。构建设计—施工顺次流程模型如图6.4所示，构建为设计—施工搭接流程模型如图6.5所示。

设置基本工作量参数如表6.8所示。

工程项目交易治理模式基本安排

表 6.7

基本安排与治理效果		平行发包模式	施工总承包模式	风险型CM模式	DB模式
任务流程安排		设计-施工搭接	设计-施工顺次	设计-施工搭接	设计-施工搭接
任务流程与组织结构简图					
设计方案		差	较好	较好/好	较好/好
设计协调		差	好	较好	好
施工协调		中/高	好	较好	好
设计-设计返工		高	中/高	中	低
施工-施工返工		高	低	中	低
施工-设计返工		高	低	中	低
设计合同	支付方式	成本补偿合同	成本补偿合同	成本补偿合同	—
	完备性	高	高	高	—
施工合同	支付方式	成本补偿合同	单价合同	总价合同	固定价格合同
	完备性	低	中	高	高
设计-施工合同	支付方式	—	—	—	—
	完备性	—	—	—	—
管理合同	支付方式	—	—	成本激励合同	—
	完备性	—	—	高	—
设计任务单价		中	中	中	不确定
施工任务单价		低	中	低	不确定

注明：每种工程项目交易模式还有多种变种，例如平行发包模式可以选择雇佣管理咨询进行管理工作，表中列举的模式仅是一种比较典型的安排，不代表唯一性。

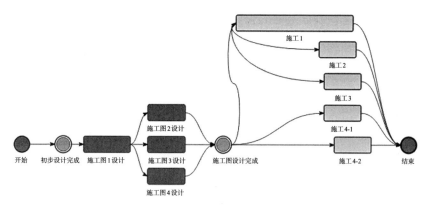

图 6.4　设计—施工任务顺次流程模型

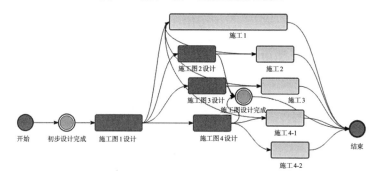

图 6.5　设计—施工任务搭接流程模型

任务的工作量参数相关设置　　　　　　　　表 6.8

任务	主要参数设置		
	工作类型	工作量（天）	Task Type
施工图 1 设计	工作量	500	Design
施工图 2 设计	工作量	300	Design
施工图 3 设计	工作量	300	Design
施工图 4 设计	工作量	300	Design
施工 1	工作量	9000	Construction
施工 2	工作量	1000	Construction
施工 3	工作量	1000	Construction
施工 4-1	工作量	1000	Construction
施工 4-2	工作量	900	Construction

在搭接流程模型基础上，构建平行发包模型、风险型CM模型、DB模型；在顺次流程模型基础上，构建施工总承包模型。

初始输入的基本工作量是一个平均估计值，不同治理模式的激励效益不同导致工作量会有变化，主要体现在设计方案优化情况导致设计和施工工作量变化。建模时通过方案系数调整工作量，参数设置如表6.9所示。

关于工作量的参数调整　　　　　　　　　表6.9

方案调整系数	平行发包模式	CM模式	DB模式	施工总承包模式
设计协调会—施工图1设计	−5%	0	−2%	5%
设计协调会—施工图2设计	−5%	0	−2%	5%
设计协调会—施工图3设计	−5%	0	−2%	5%
设计协调会—施工图4设计	−5%	0	−2%	5%
施工图1设计—施工1	5%	−2%	−10%	−10%
施工图1设计—施工2	5%	−2%	−10%	−10%
施工图1设计—施工3	5%	−2%	−10%	−10%
施工图1设计—施工4-1	5%	−2%	−10%	−10%
施工图1设计—施工4-2	5%	−2%	−10%	−10%

2）返工参数设置（乐云，2004；王卓甫等，2010；Hwang et al.，2014）

返工分为设计引发的设计返工、施工引发的施工返工、设计引发的施工返工和施工引发的设计返工四类。

采用平行发包模式，设计完成一部分，发包一部分，施工一部分。由于设计之间缺乏沟通交流，设计不够充分、错误多，从而导致设计返工多，因设计问题导致的施工返工多，施工导致的施工返工多，施工导致的设计返工多。

采用施工总承包模式，设计全部完成之后进行整体施工发包。设计过程中可以进行充分沟通交流，设计错误少，且进行了充分优化，因设计问题导致的施工返工少，施工导致的施工返工少，施工导致的设计返工少。

采用风险型CM模式，设计完成一部分，发包一部分，施工一部分。设计之间缺乏沟通交流，设计不够充分，由于CM单位在一定程度上影响了设计，设计错误较平行发包模式要少一些，设计导致的设计返工、设计导致的施工返工、施工导致的施工返工、施工导致的设计返工都要少一些。

采用DB模式，DB承包商为缩短工期会采用设计一部分、施工一部分的快速路径法，由于设计和施工任务均由DB单位承担，设计会进行充分的沟通交流，设计错误较少。采用边设计、边施工的方式，相比于施工总承包模式下设计完全完成后再施工的方式，返工会多一些。

设置返工链，如表6.10所示。

关于返工链及基本设置　　　　表6.10

返工链	平行发包模式	CM模式	DB模式	施工总承包模式
施工1—施工图1设计	5%	3%	2%	1%
施工2—施工图2设计	5%	3%	2%	1%
施工3—施工图3设计	5%	3%	2%	1%
施工2—施工3	3%	3%	2%	2.5%
施工2—施工4-1	3%	3%	2%	2.5%
施工3—施工2	3%	3%	2%	2.5%
施工3—施工4-1	3%	3%	2%	2.5%
施工4-1—施工2	3%	3%	2%	2.5%
施工4-1—施工3	3%	3%	2%	2.5%

3）沟通交流关系及沟通交流强度参数设置

作为简化模型，假设各部分施工图均存在空间或是功能依赖，需要沟通交流，故设置施工图1设计—施工图2设计沟通交流链等6条设计任务间的沟通交流链，均设置沟通交流强度中、0.15。

4）技术失误参数设置

DB单位负责设计和施工任务，因此，不存在项目失误；平行发包模式、CM模式、施工总承包模式都涉及不同的设计和施工单位，因此，同时存在职能失误和项目失误，设置技术错误参数如表6.11所示。

技术错误参数设置　　　　　　　　　　　表6.11

技术错误参数设置	平行发包模式	CM模式	DB模式	施工总承包模式
职能失误	0.05	0.05	0.05	0.05
项目失误	0.03	0.03	—	0.03

5）合同参数设置

平行发包模式、CM模式、DB模式、施工总承包模式下的合同参数设置分别如表6.12、表6.13、表6.14、表6.15所示。平行发包模式、CM模式、施工总承包模式，都假定设计合同采用成本补偿合同，且不存在事后协商议价问题。施工总承包模式下，施工图设计全部完成后再发包，施工总承包合同采用总价合同，事后协商议价概率设为0.03。平行发包模式、CM模式下，设计完一部分，发包一部分，设计不够充分，且设计错误多，施工合同采用单价合同。CM单位一定程度上影响设计，相比于平行发包模式设计质量要好些，分别将这两种交易模式下的施工合同事后协商议

平行发包模式下合同主要参数设置　　　　表6.12

合同名称	合同支付方式	关系水平	监管强度	议价概率	包含任务	单价（K/day）
招标代理	总价合同	—	—	0	—	—
施工图1设计合同	成本补偿合同	低	低	0	施工图1设计	4
施工图2设计合同	成本补偿合同	低	低	0	施工图2设计	4
施工图3设计合同	成本补偿合同	低	低	0	施工图3设计	4
施工图4设计合同	成本补偿合同	低	低	0	施工图4设计	4
施工1施工合同	单价合同	低	中	0.15	施工1	5
施工2施工合同	单价合同	低	中	0.15	施工2	1
施工3施工合同	单价合同	低	中	0.15	施工3	1
施工4-1施工合同	单价合同	低	中	0.15	施工4-1	1
施工4-2施工合同	单价合同	低	中	0.15	施工4-2	1

价概率设置为0.12和0.15。在单价方面，设置施工图1设计、施工图2设计、施工图3设计、施工图4设计、施工1、施工2、施工3、施工4-1、施工4-2的基准价格分别为4K/day、4K/day、4K/day、4K/day、5K/day、1K/day、1K/day、1K/day、1K/day和1K/day，根据发包模式设置具体参数。

CM模式下合同主要参数设置　　　　　　　　　　表6.13

合同名称	合同支付方式	关系水平	监管强度	议价概率	包含任务	单价（K/day）
招标代理	总价合同	—	—	0	—	—
CM合同	成本激励合同	—	低	0	施工管理	—
施工图1设计合同	成本补偿合同	低	低	0	施工图1设计	4
施工图2设计合同	成本补偿合同	低	低	0	施工图2设计	4
施工图3设计合同	成本补偿合同	低	低	0	施工图3设计	4
施工图4设计合同	成本补偿合同	低	低	0	施工图4设计	4
施工1施工合同	单价合同	低	中	0.12	施工1	5
施工2施工合同	单价合同	低	中	0.12	施工2	1
施工3施工合同	单价合同	低	中	0.12	施工3	1
施工4-1施工合同	单价合同	低	中	0.12	施工4-1	1
施工4-2施工合同	单价合同	低	中	0.12	施工4-2	1

DB模式下合同主要参数设置　　　　　　　　　　表6.14

合同名称	合同支付方式	关系水平	监管强度	议价概率	包含任务	单价（K/day）
DB合同	总价合同	中	低	0	施工图1设计	4.2
					施工图2设计	4.2
					施工图3设计	4.2
					施工图4设计	4.2
					施工1	5.25
					施工2	1.05
					施工3	1.05
					施工4-1	1.05
					施工4-2	1.05

施工总承包模式下合同主要参数设置   表6.15

合同名称	合同支付方式	关系水平	监管强度	议价概率	包含任务	单价（K/day）
招标代理	总价合同	—	低	0		
施工图1设计合同	成本补偿合同	低	—	0	施工图1设计	4
施工图2设计合同	成本补偿合同	低	—	0	施工图2设计	4
施工图3设计合同	成本补偿合同	低	—	0	施工图3设计	4
施工图4设计合同	成本补偿合同	低	—	0	施工图4设计	4
施工总承包合同	总价合同	低	—	0.03	施工1	5.15
					施工2	1.03
					施工3	1.03
					施工4-1	1.03
					施工4-2	1.03

平行发包模式、CM模式、施工总承包模式下的设计任务单价作相同处理，均设置为4K/day。平行发包模式、CM模式下的施工任务不确定较高，设置施工任务单价比基准价格高3%。施工总承包模式下的施工任务不确定性要低，但是，由于采用总价合同，承包商承担了较多风险，还要管理协调施工任务，设置施工任务单价比基准价格高3%。DB模式下的设计和施工任务都由DB单位负责完成，DB合同采用总价合同，设置事后协商议价概率为0。DB合同报价基于方案优化空间、任务不确定性等因素进行综合考虑确定，方案有潜在优化空间可以使报价降低，任务不确定意味着更多的风险使报价提高，综合考虑这些因素最终设置DB合同价比平行发包模式基准价格要高5%。

6.3.3.2 综合实验验证参照系

1）工程项目交易治理模式绩效比较的文献回顾

综合实验验证将实证文献研究结论作为参照系。本研究将工程项目交易治理区分为宏观结构和微观交易治理，在绩效对比研究文献中，发包模式涵盖了本研究所论述的工程项目交易治理、宏观结构治理和微观交易治理。由于宏观结构治理的发包方式对微观具体交易的合同治理有显著的影响，且微观具体交易治理涉及大量的设计交易治理、施工交易治理等，这些研究仅从宏观结构层面进行简化研究，忽略了具体微观交易治理的差异。

从工程项目交易治理模式的绩效对比研究来看，通常采用观点调查和实证研究两种方法（Molenaar，2004），少数学者对特定案例进行了研究，如Molenaar（2004）和洪伟民等（2007）。

（1）基于观点调查法的研究

基于观点调查法的研究是通过项目主要参与者根据经历和经验对比判断项目采用不同工程发包模式所导致的绩效差异。比如CII（1997）研究团队对比DBB模式与风险型CM模式的项目绩效时，发现风险型CM模式较DBB模式成本增长率低、工程质量好、施工速度快（Campagne、Haggard，1997）。AIA（2002）对比DBB模式与风险型CM模式后得出结论：风险型CM模式具有成本控制好、速度快、索赔事件少等优点，但是工程质量较差。有意思的是，关于工程质量对比结论与CII（1997）的研究结论相反。Love等（1998）对比了传统总价合同模式、施工管理模式、管理发包模式等9种工程项目交易治理模式在速度、确定性、灵活性、质量、复杂性、风险分配/回避、责任、仲裁/诉讼、价格竞争性方面的表现，如表6.16所示。

Oyetunji、Anderson（2006）对比了传统DBB、提前采购的DBB、DBB+工程项目管理等12种工程项目交易模式对控制成本增长、保证最低成本、增加业主的控制作用等20个指标的影响，如表6.17所示。

（2）基于实证研究方法的研究

基于实证研究方法的研究主要是通过统计实际工程项目案例的数据来对比绩效差异。此类研究较多，如Konchar、Sanvido（1998）基于351个工程项目的统计数据对比了采用DBB模式、DB模式、CM模式的项目绩效差异。在单位成本方面，DB模式低于风险型CM模式，风险型CM模式低于DBB模式；在施工速度方面，DB模式最快，DBB模式最慢，风

表6.16 工程项目交易治理模式评分表

功能/绩效	模式1	模式2	模式3	模式4	模式5	模式6	模式7	模式8	模式9
速度	52.5	56.5	45.6	76.2	79.6	83.5	90.5	88.6	85.5
确定性	88.5	80.6	29.1	90.3	100	85.6	55.6	50.2	53.8
灵活性	75.6	86.3	65.2	59.6	45	73.8	95.6	94.8	85.2
质量	100	95.6	58.3	60.5	45.5	85.2	73.6	71.2	84.3
复杂性	80.6	78.5	55	75.6	50	95.3	105	100	85.5
风险分配/回避	80	70	10	96.8	109.7	92.5	45	40	50
责任	88.6	75.2	20	92.5	95.6	90.5	36	35.8	40
仲裁/诉讼	75.3	65.3	10	70.8	83.5	95.6	58.3	55.2	57.6
价格竞争性	94.5	76.7	44.7	42	40	62.5	90	90	80

注明：摘自Love et al.(1998)，经过修改。
模式1-传统单个总价合同模式；
模式2-传统工程量计量合同模式；
模式3-传统成本补偿合同模式；
模式4-设计建造模式；
模式5-交钥匙模式；
模式6-合同转换模式；
模式7-施工管理模式；
模式8-管理发包模式；
模式9-设计管理模式。

表6.17

工程项目交易治理模式选择影响因素评分

工程项目交易治理模式选择影响因素评分

治理模式	F1	F2	F3	F4	F5	F6	F7	F8	F9	F10	F11	F12	F13	F14	F15	F16	F17	F18	F19	F20
模式-01	80	90	100	0	80	20	0	0	100	0	90	0	90	10	80	20	0	100	70	70
模式-02	50	100	70	20	50	50	50	90	80	20	90	50	100	0	90	10	20	80	60	60
模式-03	80	70	90	10	60	20	10	0	100	0	70	0	70	30	80	20	0	100	50	50
模式-04	80	70	90	10	60	20	40	90	70	30	70	40	80	20	80	20	30	70	40	40
模式-05	50	60	60	20	20	50	40	100	60	40	70	70	60	40	40	60	40	60	40	40
模式-06	60	40	40	70	70	70	80	100	10	90	70	100	10	90	10	90	100	70	70	70
模式-07	90	80	10	90	90	90	100	100	0	100	40	90	20	80	30	70	90	10	90	100
模式-08	70	80	30	80	80	80	90	80	20	80	100	80	90	10	100	0	80	20	80	80
模式-09	0	0	50	20	10	0	60	50	40	60	60	10	50	50	30	70	60	40	0	0
模式-10	0	0	60	0	0	100	100	100	0	100	0	100	0	100	0	100	100	70	80	0
模式-11	100	80	0	100	100	100	100	100	70	30	80	70	100	0	100	0	60	40	70	90
模式-12	40	40	100	60	0	80	0													80

注明:摘自 Oyetunji、Anderson (2006)。

模式-01:传统DBB;
模式-02:提前发包的DBB;
模式-03:DBB+项目管理;
模式-04:DBB+施工管理;
模式-05:提前发包的DBB+施工管理;

模式-06:风险型CM;
模式-07:DB(或EPC);
模式-08:多个DB;
模式-09:平行发包;
模式-10:分阶段DBB;
模式-11:交钥匙模式;
模式-12:快速跟进模式。

F-选择交易模式的影响因素。

F1:成本增长率控制;
F2:保证最低成本;
F3:延缓或是降低支出;
F4:有利于早期确定成本;
F5:降低风险或将风险转移给承包商;
F6:控制工期延误;
F7:确保工期最短;

F8:有利于提前采购;
F9:有利于变更;
F10:变更少;
F11:保密性;
F12:熟悉的工程条件;
F13:最大化业主控制的角色;
F14:最小化业主控制的角色;
F15:最大化业主参与程度;

F16:最小化业主参与程度;
F17:有利于范围确定;
F18:有效实施合同未明确约定部分;
F19:最小化发包数量;
F20:有效协调工程复杂性或创新性。

险型CM模式次之。在成本增长率方面，风险型CM模式最高，DB模最低，DBB模次之。美国与英国的研究对比，如表6.18所示。CII一项2002年的研究报告对比了DBB模式、DB模式在成本、安全、工期、返工、变更五个方面的绩效差异。相比于DBB模式，承包商提交的数据显示采用DB模式的项目在进度、变更、返工等方面均有明显优势，成本绩效有一定优势但并不显著。而承包商提交的数据显示，采用DB模式的项目仅在变更方面显著优于采用DBB模式的项目，返工方面绩效也较好；采用DBB模式的工程项目在进度绩效方面有明显优势。Puddicombe（2009）对比分析108个案例证实了组织关系结构、风险分配、收益安排对工程项目绩效的影响关系：在工程项目复杂性较低的情况下，采用Plans&Specs/总价合同工程项目绩效表现更好，CM模式/成本补偿合同次之，最大价格合同（Guaranteed Maximum Price，GMP）/DB模式最差；随着复杂性的增加，GMP合同/DB模式和CM模式/成本补偿合同的工程项目绩效表现得更好，Plans&Specs/总价合同的工程项目绩效表现有所下降；当复杂性非常高时，最大价格合同GMP/DB模式的工程项目绩效更好，CM模式/成本补偿合同次之，Plans&Specs/总价合同工程项目绩效最差。

US与UK的研究对比 表6.18

	CII/Penn States	Reading DB Forum（UK）
	DB vs DBB	DB vs DBB
单位成本	低6%	低13%
建造速度	快12%	快12%
交付速度	快33%	快30%

Shrestha et al.（2011）将采用DB模式、DBB模式的大型工程项目规模、类型、合同、组织方法、工作过程、工期、功能调整等作为输入变量，将工程成本、进度、变更单作为输出变量。研究显示：在成本控制方面，工程项目采用DB模式和DBB模式并没有显著性差别；在进度绩效方面，采用DB模式的项目进度显著性快于DBB项目；在变更方面，DB项目和

DBB项目没有差异，这说明影响工程变更的因素独立于工程发包模式。

Minchin et al.(2013)利用统计数据构建模型对比了佛罗里达州采用DB模式、DBB模式工程项目在成本绩效、工期绩效方面的差异，研究发现：相比于DB项目，DBB项目成本优势显著，但是工期优势有待进一步检验。

（3）基于案例的发包方式研究

相比于大量研究对比不同工程项目采用不同项目交易模式的绩效差异，针对特定工程项目研究采用不同工程发包模式可能的绩效对比还相对较少。美国华盛顿州运输局做的瑟斯顿立交工程是一个DB实验工程，在业界比较出名（Molenaar，2004）。该工程历时约三年，他们聘请了佐治亚理工学院、科罗拉多大学的研究人员对工程执行情况进行独立评价，得出如下研究结论：DB实验工程的实际总承包费用为25610004美元，较等效DBB模式下的总成本20878121美元高出22.6%；DB实验工程的实际工期为26个月，较等效DBB模式下的工期31个月快了16.1%；工程参与方一致认为DB实验工程质量与等效DBB模式下的工程质量不相上下，甚至要更好一些。

中华人民共和国水利部太湖流域管理局曾以一个自动检测工程项目试点太湖流域内的建设工程交易方式改革（洪伟民等，2007）。该工程项目采用了DB模式，等效DBB模式的项目费用及其具体数据对比如表6.19所示，采用DB模式的工程成本较等效DBB模式要低11.79%。

采用DB模式与等效DBB模式的成本对比（单位：万元）　　表6.19

工程成本	DB模式	等效DBB
工程前期咨询费	20.79	46.2
委托招标代理费	5.83	7.75
工程合同价格	868.68	943
工程变更费	9.4	46.64
业主管理组织费	7	18.67
委托监理费	14.5	18.95
工程成本合计	953.7	1081.21

(4) 绩效对比研究结论总结

整理 DBB 模式、CM 模式和 DB 模式的绩效对比研究结论，如表 6.20 所示。总体来看，不同工程项目交易治理模式项目绩效对比主要从成本维度、进度维度展开，质量绩效对比较少，绩效对比结论，并不完全一致，有时出现冲突。在成本方面，CM 模式与 DBB 模式、DB 模式与 DBB 模式的项目绩效对比结论差异大，得出完全对立结论的研究数量大体相当；在质量方面，CII（1997）和 AIA（2002）关于 CM 模式与 DBB 模式的绩效对比结论完全相反；在成本方面，DB 模式与 CM 模式的绩效对比结论一致；在进度方面，CM 模式与 DBB 模式、DB 模式与 DBB 模式的绩效对比结论一致。

研究结论不一致的原因可能在于工程项目交易治理模式有很多变种，例如，DBB 模式分为传统 DBB 单个总价施工合同、传统 DBB 工程量计量合同模式、传统 DBB 成本补偿合同模式、提前发包的 DBB、DBB+工程管理、DBB+施工管理、提前发包的 DBB+施工管理等（Love et al., 1998；Oyetunji、Anderson, 2006）。CII（1997）和 AIA（2002）关于 CM 模式与 DBB 模式在项目质量对比结论不一致，可能是由于 CII（1997）和 AIA（2002）研究选择的 DBB 项目样本不同，CII（1997）所选择的 DBB 项目样本主要是 DBB 单个施工合同，即施工总承包模式，AIA（2002）所选择的 DBB 项目样本主要是搭接的 DBB，即平行发包模式。Konchar、Sanvido（1998）研究结论采用 CM 模式项目的成本增长率高的原因，可能是由于选择的 DBB 项目样主要是 DBB 单个施工合同，即施工总承包模式。

DB 模式与 DBB 模式的成本比较中，Oyetunji、Anderson（2006）、Molenaar（2004）、Minhin et al.（2013）研究发现采用 DBB 模式项目具有成本优势。还有些研究发现，来自美国、英国和中国的数据显示采用 DB 模式项目的单位成本更低，除了 CII（2002）的研究数据显示 DB 模式有成本优势但不明显，其他研究数据则显示 DB 模式项目的单位成本要低 6%～13% 不等。这种绩效对比差异可能是由于项目样本面临的不确定、

DBB、DB和CM模式比较　　　　　　　　　　　　　　　　　　表 6.20

绩效对比		风险型 CM vs DBB	DB vs 风险型 CM	DB vs DBB
成本	好	CII (1997)：成本增长率低； AIA (2002)：成本控制好	Konchar、Sanvido (1998)：单位成本低、成本增长率低； Oyetunji、Anderson (2006)：最小化成本方面好很多	USA：单位成本低 6%； UK：单位成本低 13%； 洪伟民等 (2007)：DB 较 DBB 成本低 11.79%； CII (2002)：成本有优势不显著
	一			Shrestha 等 (2011)：成本无显著性差异；
	差	Konchar、Sanvido (1998)：成本增长率高； Oyetunji、Anderson (2006)：最小化成本方面差		Oyetunji、Anderson (2006)：最小化成本方面略差； Molenaar (2004)：DB 比 DBB 的总成本高； Minhin et al. (2013)：DBB 有显著成本优势
进度	好	CII (1997)：施工速度快； AIA (2002)：速度快； Oyetunji、Anderson (2006)：最短工期方面好很多	Oyetunji、Anderson (2006)：最短工期方面好一些	CII (2002)：进度有明显优势； USA：建造速度快 12%，交付速度快 33%； UK：建造速度快 12%，交付速度快 30%； Shrestha et al. (2011)：DB 进度快 16.1%； Molenaar (2004)：DB 比 DBB 快； Oyetunji、Anderson (2006)：在最短工期方面好很多
	差		Love et al. (1998)：CM 比 DB 交付速度快	
质量	好	CII (1997)：工程质量好	Love et al. (1998)：CM 比 DB 质量好	
	一			Molenaar (2004)：质量不相上下，甚至 DB 更好
	差	AIA (2002)：工程质量差		

市场竞争性、项目方案灵活性等存在差异所造成的。Oyetunji、Anderson（2006）、Molenaar（2004）、Minhin et al.（2013）等人的研究样本面临的市场可能是可获得的有能力DB承包商数量不多，并且项目不确定性非常高，从而导致DB承包商报价非常高，而这种情况下采用DBB模式分解项目可以确保市场上有足够多且有能力的承包商提供相关产品和服务，此外，DBB模式下设计完成后再发包施工任务，降低了项目任务的整体不确定性，降低了风险，导致报价降低，使得DBB模式具有显著的成本优势。DB模式比DBB模式项目成本低的原因可能是样本项目方案灵活性较高，且面临的市场成熟度高，业主可以获得有能力的DB承包商对工程方案进一步优化，从而能够降低项目单位成本。

2）确定综合实验验证参照系

回顾关于工程项目交易治理模式DBB模式、CM模式和DB模式绩效对比的研究发现，某些维度的绩效对比结论一致，某些则相反。交易模式绩效对比出现结论不一致的原因可能是由于DBB模式细分平行发包模式、施工总承包模式存在较大差异所导致。

梳理采用DBB模式、风险型CM模式和DB模式项目绩效对比一致性结论，如表6.21所示，确定综合实验5.1～实验5.4的模型有效性验证参照系。

在成本方面：DB模式成本比风险型CM模式要低；

在进度方面：CM模式要比平行发包模式、施工总承包模式要快；DB模式要比平行发包模式、施工总承包模式要快；

在质量方面：CM模式的工程质量要比DB模式好。

在其他条件相同的情况下，结合绩效对比不一致结论及DBB细分模式，做出两个关于采用不同模式项目质量和成本的推断：

推断1.在质量方面，相比于CM模式，平行发包模式工程质量要差，施工总承包模式工程质量要好。

推断2.在成本方面，相比于CM模式，平行发包模式成本增长率要

DBB模式、风险型CM模式和DB模式项目绩效比较　　　表6.21

绩效对比	DBB vs 风险型CM	DB vs 风险型CM	DB vs DBB
成本		Konchar、Sanvido（1998）/Oyetunji、Anderson（2006）：DB成本低	
进度	CII（1997）/AIA（2002）/Oyetunji、Anderson（2006）：CM比DBB快		CII（2002）：进度有明显优势；USA：建造速度快12%，交付速度快33%；UK：建造速度快12%，交付速度快30%；Shrestha et al.（2011）：DB进度显著快；Molenaar（2004）：DB比DBB快16.1%；Oyetunji、Anderson（2006）：最短工期方面好很多
质量		Love et al.（1998）：CM比DB质量好	

高，施工总承包模式成本控制要好。

6.3.3.3 综合实验验证结果

运行程序模拟输出成本、工期、质量等结果。仿真模拟输出结果统计如表6.22所示。

从实验仿真模拟结果来看，模拟数据符合DBB模式、CM模式和DB模式关于成本、质量和工期绩效对比实证研究的四个一致性研究结

模拟结果对比　　　表6.22

	平行发包模式	CM模式	DB模式	施工总承包模式
项目成本	5532.342	5304.829	5105.202	4817.38
项目生产成本	5304.958	5052.472	4971.947	4626.945
项目交易成本	227.384	252.357	133.255	190.435
工期	436.5	423.2	400.4	466
质量风险	0.699	0.435	0.521	0.454

论。在成本方面，DB模式、CM模式模拟项目成本分别为5105.202万元、5304.829万元，项目采用DB模式的项目成本比CM模式低；在进度方面，CM模式、DB模式、平行发包模式、施工总承包模式模拟项目工期分别为423.2天、400.4天、436.5天、466天，采用CM模式项目进度要比平行发包模式、施工总承包模式快，工期短，采用DB模式项目进度要比平行发包模式、施工总承包模式快，工期短；在质量方面，采用DB模式、CM模式模拟项目质量风险分别为0.521、0.435，采用DB模式项目质量风险要比CM模式高。

此外，实验模拟数据支持两个推断。在质量风险方面，平行发包模式、CM模式、施工总承包模式模拟质量风险分别为0.699、0.435、0.454，采用平行发包模式项目质量风险比CM模式高，采用CM模式项目质量风险要比施工总承包模式高，支持推断1。在成本方面，平行发包模式、CM模式、施工总承包模式模拟成本分别为5532.342、5304.829、4817.38，采用CM模式项目成本要比平行发包模式低，采用施工总承包模式项目成本要比CM模式低，支持推断2。

影响工程项目交易治理效果的因素包括了项目特征（如任务复杂性、不确定性、方案灵活性）、市场成熟度、业主管理资源和管理能力等诸多方面。设计实验5.1~5.4时尽量忽略这些因素对项目绩效的影响，主要关注于模式差异带来的治理效果差异。实验仿真模拟数据符合基本实证验证的一致性结论，支持我们针对绩效对比不一致性研究结论所做的两个推论，因此，可以认为工程项目交易治理计算整体模型具有预测有效性。

6.4 小结

有效性验证是仿真研究的核心问题。像其他仿真研究一样，工程项目交易治理计算平台需要通过模型校核与验证以确保模型有效性。从仿真模型的校核与验证方法来看，目前还没有形成一个统一的、权威的验证方法和体系。结合Agent仿真模型特点，工程项目交易治理计算平台通过开展非实验验证、实验验证进行有效性验证。开展非实验验证包括需求验证、表面验证、过程验证以确保治理计算平台模块构成积木、积木属性能够充分刻画工程项目交易治理系统、确保模型的微观结构符合现实系统。开展实验验证包括理论实验、实证验证。实验验证通过设计细小实验、综合实验，校核行为矩阵，确保了模型的输入和输出结果符合已有研究结论和专家经验判断。

第7章

基于工程项目交易治理计算平台的治理设计与决策研究

提出了基于工程项目交易治理计算平台的治理设计与决策方法，并结合案例进行阐释。基于工程项目交易治理计算平台的治理设计方法的基本步骤包括：项目相关情况梳理；初步设计工程项目交易治理备选方案；构建工程项目交易治理备选方案模型；模拟、分析、初选治理方案；治理方案优化。

7.1 基于工程项目交易治理计算平台的治理设计方法

基于工程项目交易治理计算平台的治理设计与决策方法是结合项目具体情景初步设计备选治理方案，在项目交易治理计算平台上对备选治理方案进行模型建构、仿真模拟分析和对比治理效果、治理设计优化，并最终确定工程项目交易治理策略的计算实验方法。该方法包括五大基本步骤：项目相关情况梳理；初步设计工程项目交易治理备选方案；构建工程项目交易治理备选方案模型；模拟、分析、初选治理方案；治理方案优化。

1）项目相关情况梳理

对项目基本特征、项目面临的市场特征、业主特征（包括管理资源与能力，以及项目目标偏好）等情况进行梳理。

（1）项目基本特征分析。分析项目基本特征包括项目复杂性、不确定性、灵活性等情况。分析项目复杂性，主要从任务数量的多少、任务基本依赖关系、任务需求多样性等维度展开。分析项目不确定性，主要从需求、流程以及项目面临的市场环境、水文地质环境等方面的不确定性程度展开。分析项目灵活性，主要从项目任务潜在解决方案的多少展开，体现到项目单位造价、任务工作量。

（2）项目面临的市场特征分析。分析项目整体发包或是分解发包所面临的各类产品和服务市场成熟度情况，即分析有足够能力承担项目任务交付产品或提供服务的企业数量，以及获得这些产品和服务的价格竞争性，从而考察和分析工程项目发包方式和范围对交易价格的影响。

（3）业主特征分析。分析业主的管理资源和管理能力，确定项目管理方式；分析业主是否有后续项目；分析业主是否有良好合作经历的合作伙伴；分析业主对工期目标、成本目标、质量目标的基本设定，以及目标偏好。

2）初步设计项目交易治理备选方案

根据项目相关情况分析，组织专家研讨初步设计工程项目交易治理备选方案。

3）构建项目交易治理备选方案模型

对备选项目交易治理方案进行建模。方案模型包括交易模型、任务与流程模型、项目组织模型和Agent模型，在Process模块构建任务与流程模型、项目组织模型和Agent模型，在Contract模块构建交易模块。方案建模包括三大步骤。

步骤一：Process模块构建任务与流程模型、项目组织模型和Agent模型，具体包括四小步。

（1）提炼工程项目交易治理建模的关键要素，包括项目任务、项目参与方和交易。

（2）任务与流程基模建模。工程项目交易治理备选方案在设计与施工任务流程安排上有顺次和搭接两种基本方式，设置任务的工作量参数，根据任务与流程安排基本方式数量构建基模1、基模2……基模N。

（3）项目组织建模与Agent建模。在基模N上新建情景，添加项目组织结构，包括项目组织岗位、岗位上下级的关系（科层关系或跨组织关系）、监管强度、岗位（即Agent）参数设置。

（4）完善任务流程建模。添加发包任务、管理任务；添加会议；添加任务执行关系、会议参会关系；添加设计与施工的沟通依赖、返工依赖以及协调会议依赖、设计—施工方案依赖；添加职能失误概率、项目失误概率、沟通交流强度。

步骤二：Contract模块构建微观具体交易模型，包括签订交易合同的发包方和承包方，以及合同的支付方式、合同的议价概率、合同的监管强度、关系水平等参数的设置。

步骤三：根据项目交易治理具体方案，设置任务的复杂性、不确定性、灵活性、合同单价、议价包的大小、任务类型等属性。

4）模拟、分析、初选治理方案

启动工程项目交易治理备选方案模型模拟开关，引擎根据模型设定的参数自动模拟，模拟结束后将模拟仿真结果数据以图表形式呈现。分析比较工程项目交易治理备选方案的模拟结果初选项目交易治理方案。

5）治理方案优化

工程项目交易治理既包括宏观任务流程结构、组织结构、管理结构，又包括大量的微观具体交易治理。通常来说，初选项目交易治理备选方案仅做宏观设计，微观具体设计往往不充分，需要在初选工程项目交易治理方案后对治理细节进行优化设计。

7.2 案例研究

结合案例介绍基于计算实验平台的工程项目交易治理设计与决策方法。由于模型涉及参数较多，仅对治理设计与决策方法主要流程与步骤进行介绍。该案例是某地方政府建设的科技交流中心工程，作为一个大型综合性公共建筑，该工程主要包括了影剧院及附属配套设施、科技园区业绩展厅、规划展示厅、艺术作品展厅等，总建筑面积接近37000平方米，初步设计完成后，设计概算工程费用为3.96亿元人民币。

1）项目基本情况梳理

（1）项目基本特征分析

该项目的功能部分主要为剧院和展厅，主要项目任务包括主体深化设计、土建施工、舞台设计与安装、照明设计与安装、水电设计与安装、智能化设计与安装、幕墙设计与安装、钢结构设计与安装等。该项目涉及舞台安装，并且对灯光照明要求较高，较一般性公共建设项目复杂，项目整体复杂性较高。初步设计完成后，业主的需求基本明确，不确定性中等。深化设计有一定的灵活性，深化设计的组织方式对施工成本具有一定的影响。

（2）项目面临的市场特征分析

市场上几乎不存在一家企业能够独立承担包括施工图深化设计、土建施工、舞台安装等全部工程内容。通过对项目任务进行分解，分解成各种类型的设计、施工工作分别发包，市场成熟度高。

（3）业主特征分析

在管理资源方面，业主拥有一定数量的管理人员，项目管理水平整体偏弱。在项目目标和偏好方面，业主将工程成本目标设定在设计概算的基础上节约5%；将工期目标设定在两年半内完成；业主对工程质量要求较高，达到优良标准。

2）初步设计工程项目交易治理备选方案

结合项目基本情况、市场特征、业主特征，初步拟定三种项目交易治理备选方案，即施工总承包模式、平行发包模式和CM模式。

3）构建项目交易治理备选方案模型

（1）提炼关键建模要素

对于本案例，工程项目涉及成百上千个任务，上百个岗位，进行详细建模既不太现实，也没必要，需要对项目任务和组织岗位进行提炼。在对工程项目任务和项目组织基本分析的基础上，提炼和压缩为主要和关键的任务和组织岗位进行建模。主要工作包括：主体设计、舞台系统设计、智能化设计、室内装饰设计、照明系统设计、导视系统设计、景观市政设计、土建主体施工、钢结构深化设计、钢结构拼装、屋面/幕墙深化设计、室内装饰、屋面/幕墙安装、照明安装、水电安装、市政施工、景观施工、设计管理、施工管理和招标工作。这些工作对应于相应的项目组织岗位，不同的交易治理模式对应不同的合同以及项目组织岗位的实施主体。

施工总承包模式的项目组织岗位包括业主单位的项目经理、招标采购组、设计管理组、施工管理组和成本管理组；设计单位的总体设计团队、舞台系统设计团队、智能化设计团队、照明系统设计团队、导视系统设计团队、室内装饰设计团队、景观市政设计团队；施工单位涉及施工总承包管理团队、土建主体施工团队、舞台系统安装团队、照明系统安装团队、钢结构施工团队、屋面幕墙施工团队、室内装饰施工团队、景观施工团队和市政施工团队。业主项目经理管理招标采购组、设计管理组和施工管理组；设计管理组管理总体设计团队、舞台系统设计团队、智能化设计团队、照明系统设计团队、导视系统设计团队、室内装饰设计团队、景观市政设计团队；施工管理组监管施工总承包管理团队；施工总承包管理团队管理土建主体施工团队、舞台系统安装团队、照明系统安装团队、钢结构施工团队、屋面幕墙施工团队、室内装饰施工团队、景观施工团队和市政施工团队。招标管理组管理招标代理。

平行发包模式的项目组织岗位包括业主单位的项目经理、招标采购组、设计管理组、施工管理组和成本管理组；设计单位的总体设计团队、舞台系统设计团队、智能化设计团队、照明系统设计团队、导视系统设计团队、室内装饰设计团队、景观市政设计团队；施工单位涉及土建主体施工团队、舞台系统安装团队、照明系统安装团队、钢结构施工团队、屋面幕墙施工团队、室内装饰施工团队、景观施工团队和市政施工团队。组织结构与施工总承包模式类似，不同之处是没有施工总承包管理团队，由施工管理组管理各施工团队。

CM模式的项目组织岗位包括业主单位的项目经理、招标采购组、设计管理组、施工管理组和成本管理组；设计单位的总体设计团队、舞台系统设计团队、智能化设计团队、照明系统设计团队、导视系统设计团队、室内装饰设计团队、景观市政设计团队；施工单位涉及土建主体施工团队、舞台系统安装团队、照明系统安装团队、钢结构施工团队、屋面幕墙施工团队、室内装饰施工团队、景观施工团队和市政施工团队。管理咨询单位为CM单位。组织结构与施工总承包模式类似，不同之处在于CM单位管理各施工团队，CM单位与各施工团队不是科层关系。

（2）任务流程基模构建

首先建立两个基本任务流程基模。包括设计—施工顺次的任务流程和设计—施工搭接的任务流程，如图7.1和图7.2所示，对工作量进行估计和输入。

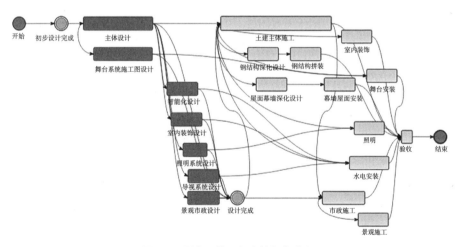

图7.1 设计—施工顺次的任务流程

在设计—施工顺次的任务流程的基础上新建情景"施工总承包模式"构建施工总承包模式模型。在设计—施工搭接的任务流程的基础上新建情景"平行发包模式"和"CM模式"分别构建平行发包模式模型和CM模式模型。

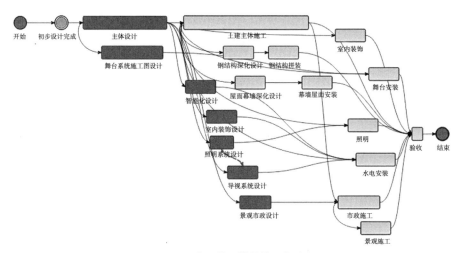

图7.2 设计—施工搭接的任务流程

（3）构建项目组织模型

在模型"施工总承包模式""平行发包模式"和"CM模式"中，分别结合关键建模要素分析，构建项目组织模型包括项目组织岗位、岗位上下级的关系（跨组织关系或是组织内关系）和监管强度、岗位（即Agent）的构建及参数设置。

（4）完善任务流程模型

在模型"施工总承包模式""平行发包模式"和"CM模式"中，分别根据不同模式下涉及的合同添加招标工作；添加管理工作，提炼管理工作区分为设计管理和施工管理。

添加岗位—任务的执行关系；

设置设计协调会议和施工协调会议，添加会议参与链条；比较治理模式添加方案链条调整设计和施工工作量。

设置任务返工链：主要设置了具有强依赖关系的设计与施工、施工之间任务返工链，包括主体设计—土建主体施工、舞台系统设计—舞台系统安装、智能化设计—智能化施工、照明系统设计—照明系统施工、室内装饰施工—水电安装，并根据不同模式设置返工概率。

设置沟通交流链：包括主体设计—舞台系统设计、室内装饰—水电安装、照明安装—室内装饰等，并根据组织模式设置了沟通交流方式是跨组织沟通交流还是组织内沟通交流。

（5）构建交易模型

在模型"施工总承包模式""平行发包模式"和"CM模式"中，分别在Contract模块构建合同的承发包关系，在合同上设置支付方式、关系水平、监管强度、议价概率以及合同所包括的任务。

（6）进一步设置任务属性

在模型"施工总承包模式""平行发包模式"和"CM模式"中，分别根据具体交易治理，设置任务的部分属性包括复杂性、不确定性、灵活性、合同单价、议价包的大小、任务类型。

最后构建出施工总承包模式、平行发包模式、CM模式的可视化模型，如图7.3、图7.4、图7.5、图7.6、图7.7、图7.8所示。

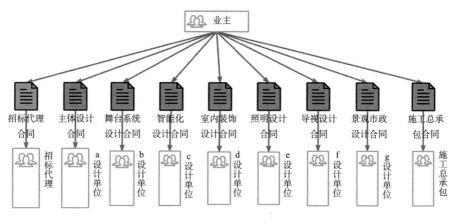

图7.3 交易模型（施工总承包模式）

4）模拟、分析和初选方案

对各方案模型启动模拟开关，引擎根据设定的参数自动运行，运行结束后的数据以图表形式呈现。分析比较各方案的模拟结果，初选方案。

从模拟结果来看，采用施工总承包模式、平行发包模式、CM模式的

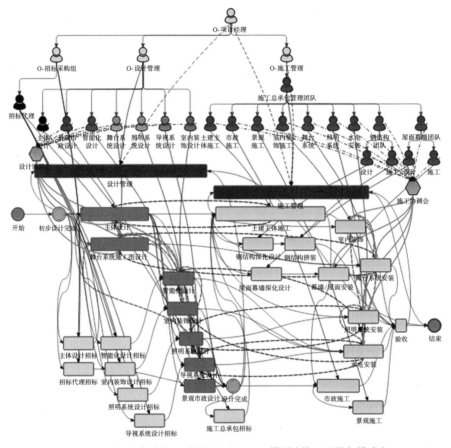

图7.4 任务与流程、项目组织和Agent模型（施工总承包模式）

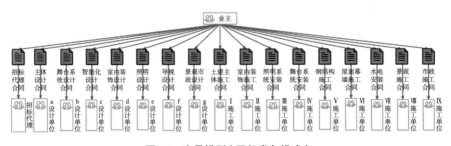

图7.5 交易模型（平行发包模式）

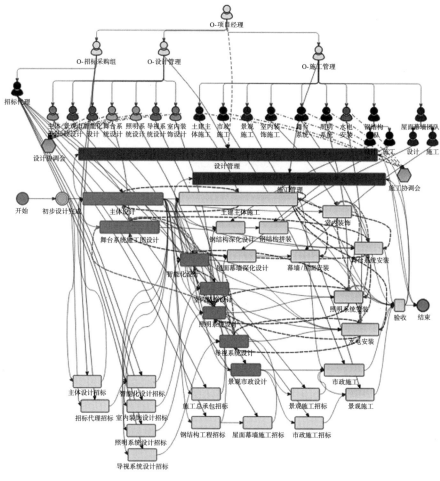

图 7.6 任务与流程、项目组织和 Agent 模型（平行发包模式）

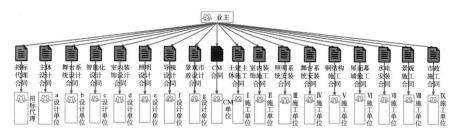

图 7.7 交易模型（CM 模式）

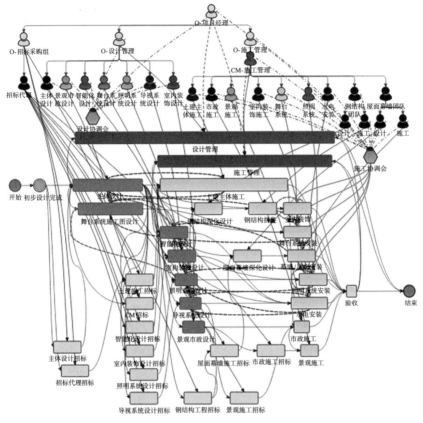

图7.8 任务与流程、项目组织和Agent模型（CM模式）

项目成本分别为3.54亿元、4.03亿元、3.74亿元，如图7.9所示；项目工期分别为1812天、1299天、1243天，如图7.10所示。

采用施工总承包模式成本最小的原因，主要在于：①设计施工顺次展开，设计详尽且得到充分优化，设计质量高、错误少，从而降低了工程造

图7.9 成本比较

模式	持续时间	开始时间	结束时间
施工总承包模式	1812.0天	2007.07.01	2012.06.16
平行发包模式	1299.8天	2007.07.01	2011.01.20
CM模式	1243.7天	2007.07.01	2010.11.25

图7.10 工期比较

价；②详尽的设计使施工合同完备性高，合同实施过程变更少，委托人面临敲竹杠风险小，合同授予时的市场竞价基本确定了合同结算价。施工总承包模式虽然能够带来低成本，但是设计施工的顺次开展，使得工期最长，工程发挥效益的时间推后。相反，平行发包模式、CM模式，设计分阶段出图，设计、施工通过搭接可大幅度缩短工期。然而，设计缺乏优化，工程造价显著增加。此外，设计、施工搭接使得设计不完全、设计错误多，进而导致更多的变更、议价，业主面临更大的敲竹杠风险，成本增加显著。CM模式下CM承包商在设计阶段介入，可以凭借其丰富的经验优化设计，降低造价。

工程项目交易治理作为一个多目标决策问题，需要权衡工期、成本和质量等目标。该项目业主希望工程尽早发挥效益，注重工期和成本目标。综合考虑成本、工期以及效益发挥时间，建立工期—成本效益无差异曲线，如图7.11所示。从工期、成本的角度来看，CM模式要优于平行发包

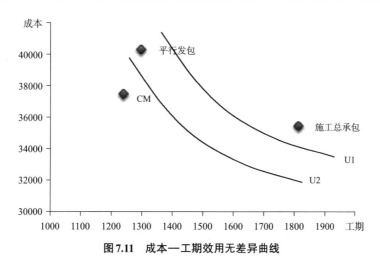

图7.11 成本—工期效用无差异曲线

模式，平行发包模式要优于施工总承包模式。进一步对比CM模式、平行发包模式下的质量风险，CM模式优于平行发包模式，如图7.12所示。故CM模式是最恰当的工程项目交易治理方式。

图7.12 CM模式与平行发包模式的产品质量风险比较

5）方案优化

通常来说，备选方案设计较为粗糙，对细节设计不足，方案初选后，需要对方案细节进行优化。初选CM模式后，委托人结合项目特征、自身情况优化治理方案：①主要设计合同采用激励合同，替代了成本补偿支付方式；②选择具有良好合作关系的专业分包。方案优化前后成本、工期和质量对比分别如图7.13、图7.14、图7.15所示。激励合同通过奖励政策鼓励设计人员优化设计方案，虽然设计成本有所增加，但是降低了施工成本，合计节约313万元，约占总成本的0.8%；良好的合作经历降低了代理风险，工期略有缩减，质量风险降低。

图7.13 优化前和优化后的成本对比

持续时间	开始时间	结束时间	
1242.3天	2007-07-01	2010-11-24	优化前
1237.1天	2007-07-01	2010-11-29	优化后

图7.14 优化前和优化后的工期对比

图7.15 优化前和优化后的质量风险对比

模型运行数据能够反映工程项目采用不同交易治理模式的运行情况，基于计算实验的工程项目交易治理决策具有方法有效性。

7.3 小结

本章提出了基于项目交易治理计算平台的治理设计与决策方法。该方法的基本步骤包括：项目相关情况梳理；初步设计项目交易治理备选方案；构建项目交易治理备选方案模型；模拟、分析、初选治理方案；治理方案优化。进行案例研究，模型运行数据能够反映工程项目采用不同交易治理模式的运行情况，基于计算实验的工程项目交易治理决策具有方法有效性。

第 8 章 结语

对研究工作进行总结，探讨研究价值，分析研究的不足之处，并做展望。

8.1 研究总结与研究价值

本书围绕工程项目交易治理计算展开研究，系统揭示工程项目交易治理机制，构建了工程项目交易治理概念模型，基于Agent建模与仿真视角构建了工程项目交易治理计算概念模型，通过程序开发工程项目交易治理计算平台，提出了基于工程项目交易治理计算平台的治理设计与决策方法。

1）系统揭示工程项目交易治理机制

工程项目交易治理决策考虑的因素涉及项目、市场、业主、业主目标偏好等，由于方法的限制，传统的项目交易治理决策方法通常没有考虑这些因素间的交互关系。本书基于系统分析方法，揭示了工程项目生产交易治理系统构成要素项目（任务）、委托人、（潜在）代理人的特征、行为及其行为交互涌现项目绩效的机制。工程项目特征包括任务复杂性、任务不确定、任务灵活性、绩效度量难度、任务依赖关系；委托人的工程项目交易治理行为包括宏观结构治理和微观具体交易治理，宏观结构治理细分为任务流程结构、项目组织结构、管理结构安排，微观具体交易治理分为合同完备性、合同支付方式、合同授予方式、合同监管强度、关系等维度，项目交易中的关系治理不仅体现于具体微观交易中的关系治理，还体现于项目交易中结构性嵌入安排；代理人生产交易行为包括报价行为、生产方案独立性选择行为、生产方案协调协商行为、质量行为、技术错误处理的独立性选择行为、技术错误处理的协调协商行为、议价行为。利用互补性交易理论，交易成本经济学、代理理论、嵌入性理论、关系合同理论以及工程管理研究成果，系统解析了系统构成要素间的行为交互关系，以及项目绩效涌现机制。

2）构建工程项目交易治理计算概念模型

对工程项目交易治理系统构成要素、行为进行综合、凝练、约简，基于Agent建模与仿真视角，构建工程项目交易治理计算概念模型，包括模型输入、生产交易行为模拟和模拟输出。模型输入包括交易模型、项目任务与流程模型、项目组织模型和Agent模型，生产交易行为模拟包括交易治理对生产的激励与约束行为模拟、组织内和跨组织生产沟通和协调模拟、生产和交易异常产生及处理模拟，模拟输出包括项目工期、项目质量、项目成本、生产成本、交易成本。

3）开发工程项目交易治理计算平台并验证有效性

通过程序开发将项目交易治理计算模型转变成可计算的软件平台，计算平台包括输入模块、输出模块、模拟机理，输入模块分成Contract模块和Process模块，模块由具有属性的任务、合同、岗位、各类关系链等积木构成，可以构建任务流程模型、项目组织模型、Agent模型、合同治理模型，模拟机理规定积木行为交互规则，输出模块为Chart模块包括项目成本、质量风险、工期等模拟数据统计表格。有效性验证主要通过理论验证、实证验证等校核行为矩阵，初步验证了工程项目交易治理计算平台的有效性。

4）提出基于计算实验平台的工程项目交易治理决策方法

该决策方法具体包括五个基本步骤：项目基本情况梳理；拟定工程项目交易治理模式备选方案；方案建模；方案模拟、分析与方案初选；方案优化。并选择案例进行研究。

工程项目交易治理计算研究对项目交易理论、项目交易治理决策方法等方面有一定价值，主要体现在以下几个方面。

（1）工程项目交易治理涉及一个多任务（设计任务、施工任务和管理任务等）和多项目参与方（业主、施工方、设计方和管理咨询方等）的复杂系统。鲜有研究系统全面的分析工程项目生产交易系统中众多要素的交互关系，及其涌现项目绩效机理。本书构建的工程项目交易治理概念模型，较系统、较全面地厘清了工程项目交易治理机制。

（2）工程项目交易治理计算平台可以模拟分析工程项目交易治理系统各要素之间的交互并涌现项目绩效，实现了基于计算实验的、定量化的工程项目交易治理决策方法，相较于传统的基于经验和理论的定性分析，或是基于经验和属性决策技术的工程项目交易治理决策方法，科学性更高。

（3）工程项目交易治理计算平台能够综合分析一个整体性治理方案，包括宏观结构（包括任务流程结构、项目组织结构、管理结构）和微观具体交易（包括合同支付方式、合同完备性、监管强度和关系治理）策略，而传统决策方法只能进行个别维度分析。

8.2 研究不足之处与展望

8.2.1 研究不足之处

工程项目交易治理计算平台可以通过构建工程交易治理方案模型，模拟治理系统要素行为交互涌现绩效，定量化推演治理效果，为治理决策提供支持。需要指出的是，治理计算平台在变量处理上假设了变量的不变性，而实际上组织间关系、组织能力在项目实施过程中不断变化，且每种工程类型的组织行为都有其显著的特征，因此，当前的治理计算平台有其局限性，主要体现在以下几个方面。

1）没有考虑关系演化

项目初期的组织间关系水平是历史继承、合同治理和结构性嵌入的共同决定，其影响争议、冲突解决的方式方法，而交易双方就解决争议、冲突所采取的方式方法反过来进一步塑造关系，组织间关系随着工程实践的推进以及交易双方的过程治理而不断演变，并影响下一时间段的行为选择。在工程项目交易治理计算平台中，关系水平简化为一个固定的参数变量，在模拟行为、预测治理效果时有一定的局限性。

2）没有考虑组织学习

项目不确定使得参与方需要进行大量的沟通交流以获取信息，组织人员在信息交换过程中通过自我学习提升技术能力。在工程项目交易治理计算平台中，技术能力简化为一个固定的参数变量，因此，在模拟行为、预测治理效果时有一定的局限性。

3）没有对不同类型项目进行模型分类验证

通过设计细小实验、综合实验初步验证了工程项目交易治理计算平台的有效性。综合实验验证以现有工程项目交易模式绩效对比研究结论作为参照系，并未考虑项目类型，也未能剔除其他影响项目宏观绩效结果的诸多因素。实际上，仿真模型验证并不是一蹴而就的，而是一个不断迭代的过程，需要花费大量的时间和精力。需要根据工程项目细分类型进行模型验证，不断调整特定类型项目组织行为矩阵，这是确保模型适用于不同类型项目的必由之路。

8.2.2 前景与展望

工程是一个开放的复杂系统，工程项目交易治理是一个复杂系统决策问题，由于传统的决策方法在解决复杂系统问题时存在较大局限，未来解决复杂问题势必要求助于复杂性科学及其方法。复杂性科学的广泛研究是从20世纪80年代开始的，对复杂性科学的认识也逐步提升到一个前所未有的高度，霍金曾说过"21世纪是复杂性科学的世纪"。关于复杂性科学最具代表性的国外研究机构是圣塔菲研究所，圣塔菲研究所相关研究人员应用计算机技术开展了大量的开创性研究，如基于Agent建立经济系统模型。我国伟大的科学家钱学森从20世纪70年代末期研究系统科学，20世纪80年代形成复杂巨系统思想理论，提出了"从定性到定量综合集成的方法"以及"从定性到定量综合集成研讨厅体系"，这种方法综合了专家体系、数据和信息体系、计算机体系，强调人机有机结合以解决复杂问题。他们为复杂性科学的发展建立了卓越功勋，未来的复杂性问题解决必然依赖于计算机技术，计算机技术优势在于高速计算性能，随着信息技术的发展，计算机运算性能不断提高，计算机的高速运算性能够分析海量数据，可以为复杂系统运行模拟以及各种方案的效果做相关定量化分析，甚至于系统全息分析。

不过，对于非结构化系统，还要依赖于专家的知识、经验、甚至是直觉判断，以对系统进行概括、抽象、刻画与描述等做定性化分析，再利用计算机的高速运算性能模拟各种方案的效果做相关定量化分析。通过人机有机结合，人机优势互补，从定性到定量进行决策，提高决策科学性。

计算机技术已在军事战争推演等领域得到深度应用。在建设工程领域计算机技术应用也正逐步深化，例如BIM技术的深度应用，不过，在工程组织管理、组织治理决策中的应用还远远不够。在工程领域人机结合方面，相对于"机""人"的方面要落后很多。计算机技术已经具有强大的计算能力，尤其是随着量子计算的发展，对于"人"来说，我们需要有经验的专家对复杂系统中的决策问题、目标、决策相关变量进行明确、凝练、概括，并能够从计算模拟的角度进行建模。但是，这方面的人才严重缺乏，这主要是由于信息技术发展过快，工程管理者过去接受的教育、培训已经跟不上时代需求，而最新的知识还不能被广为掌握。即使我们现在有很好的组织计算模型，其应用也面临着诸多困难。这主要是由于计算模型是一个交叉学科的产物，当前理解和接受这些计算技术且在位的有经验的管理者还十分稀少，大多数管理者对应用计算机技术模拟组织常常持怀疑态度，尤其是对于高度复杂现实问题的决策，而且还涉及"善变的人"这一因素。对于高度不确定、难以靠经验预测未来且试验成本昂贵的情境下，即使传统的方式方法可能并不理想，但是从公司政治的角度来看，传统的方式方法将成为"最稳妥"的选择，这必然限制了计算技术应用的可能，限制了效益提升的可能。

计算机技术的发展不仅改变了工程的设计方式、建造方式，还改变了工程的组织方式、管理方式。随着智能时代的到来，工程管理人才不断更迭，未来的工程管理者将是既懂计算机技术，又懂工程管理的复合型人才。在计算机上，我们不仅可以进行三维设计、模拟工程建造，还可以模拟不同组织方式的工程实施效果。相信在不久的未来将会出现更多的计算模型，可以用于深度推演工程的组织实施，可以大幅提升工程价值创造效率。

参考文献

[1] Akintoye A S, MacLeod M J. Risk analysis and management in construction[J]. International Journal of Project Management, 1997, 15(1): 31-38.

[2] Alhazmi T, McCaffer R. Project procurement system selection model[J]. Journal of Construction Engineering and Management, 2000, 126(3): 176-184.

[3] Al Khalil M I. Selecting the appropriate project delivery method using AHP[J]. International Journal of Project Management, 2002, 20(6): 469-474.

[4] Al-Meshekeh H. The effect of conflict management upon project effectiveness[J]. Journal of Construction Procurement, 2001, 7(2): 15-30.

[5] Anderson S W, Dekker H C. Management control for market transactions: The relation between transaction characteristics, incomplete contract design, and subsequent performance[J]. Management Science, 2005, 51(12): 1734-1752.

[6] Bajari P, Tadelis S. Incentives versus transaction costs: A theory of procurement contracts[J]. RAND Journal of Economics, 2001: 387-407.

[7] Baker G, Gibbons R, Murphy K J. Relational contracts and the theory of the firm[J]. Quarterly Journal of Economics, 2002(117): 39-84.

[8] Barney J B, Hansen M H. Trustworthiness as a source of competitive

advantage[J]. Strategic Management Journal, 1994, 15(S1): 175-190.

[9] Basu U, Pryor R, Quint T. ASPEN: a microsimulation model of the economy[J]. Computational Economics, 1998, 12(3): 223-241.

[10] Bayliss R, Cheung S O, Suen H C H, et al. Effective partnering tools in construction: a case study on MTRC TKE contract 604 in Hong Kong[J]. International Journal of Project Management, 2004, 22(3): 253-263.

[11] Bekker M C, Steyn H. Defining 'project governance' for large capital projects[C]. AFRICON 2007, IEEE, 2007, 1-13.

[12] Biesenthal C, Wilden R. Multi-level project governance: Trends and opportunities[J]. International Journal of Project Management, 2014, 32(8): 1291-1308.

[13] Bousquet F, Page C L. Multi-agent simulations and ecosystem management: a review[J]. Ecological Modelling, 2004, 176(3): 313-332.

[14] Bresnen M, Marshall N. Partnering in construction: a critical review of issues, problems and dilemmas[J]. Construction Management Economics, 2000a, 18(2): 229-237.

[15] Bresnen M, Marshall N. Building partnerships: Case studies of client-contractor collaboration in the UK construction industry[J]. Construction Management and Economics, 2000b, 18(7): 819-832.

[16] Brockmann C, Girmscheid G. The inherent complexity of large scale engineering projects[J]. Project Perspectives, 2008, 22-26.

[17] Bryan Franz, Keith R. Molenaar, Bradley A. M. Roberts. Revisiting project delivery system performance from 1998 to 2018[J]. Journal of Construction Engineering and Management, 2020, 146(9): 04020100.

[18] Burcar Dunović I. A study of project governance frameworks for large infrastructure projects with reflection on road transport projects[J]. Organization, Technology and Management in Construction: An International Journal, 2010, 2(1): 145-155.

[19] Camén C, Gottfridsson P, Rundh B. Contracts as cornerstones in relationship building[J]. International Journal of Quality and Service Sciences, 2012, 4(3): 208-223.

[20] Carley K M, Prietula M J. ACTS theory: Extending the model of bounded rationality[J]. Computational Organization Theory, 1994, 55-87.

[21] Carley K M. Computational modeling for reasoning about the social behavior of humans[J]. Computional Mathmatical Organization Theory, 2009, 15: 47-59.

[22] Carley K M, Frantz T L. Modeling organizational and individual decision making. In Sage A P. & Rouse W B. (Eds.), Handbook of Systems Engineering and Management[M]. Hoboken, NJ: John Wiley & Sons, 2009, 723-762.

[23] Champagne A F. Project delivery systems: CM at risk, designbuild, design-bid-build[J]. Research Summary, 1997, 133-141.

[24] Chan A P C, Yung E H K, Lam P T I, et al. Application of Delphi method in selection of procurement systems for construction projects[J]. Construction Management and Economics, 2001, 19(7): 699-718.

[25] Chan A P C, Scott D, Chan A P L. Factors affecting the success of a construction project[J]. Journal of Construction Engineering and Management, 2004, 130(1): 153-155.

[26] Chan C T W. Fuzzy procurement selection model for construction projects[J]. Construction Management and Economics, 2007, 25(6): 611-618.

[27] Chan A P C, Ho D C K, Tam C M. Design and build project success factors: Multivariate analysis[J]. Journal of Construction Engineering and Management, 2001, 127(2): 93-100.

[28] Chan D W M, Chan A P C, Lam T I P, et al. Exploring the key risks and risk mitigation measures for guaranteed maximum price and target

cost contracts in construction[J]. Construction Law Journal, 2010, 364-378.

[29] Chang C Y, Ive G. Rethinking the multi-attribute utility approach based procurement route selection technique[J]. Construction Management and Economics, 2002, 20(3): 275-284.

[30] Chang C Y, Ive G. The hold-up problem in the management of construction projects: A case study of the Channel Tunnel[J]. International Journal of Project Management, 2007, 25(4): 394-404.

[31] Cheung S O, Lam T I, Leung M Y, et al. An analytical hierarchy process based procurement selection method[J]. Construction Management and Economics, 2001(19): 427-437.

[32] Cheung S., Ng T., Wong S., et al. Behavioral aspects in construction partnering[J]. International Journal of Project Management, 2003, 21(5): 333-343.

[33] Choi C J, Lee S H, Kim J B. A note on countertrade: contractual uncertainty and transaction governance in emerging economies[J]. Journal of International Business Studies, 1999, 30(1): 189-201.

[34] Chow P T, Cheung S O, Chan K Y. Trust-building in construction contracting: Mechanism and expectation[J]. International Journal of Project Management, 2012, 30(8): 927-937.

[35] Crawford L, Pollack J, England D. Uncovering the trends in project management: Journal emphases over the last 10 years[J]. International Journal of Project Management, 2006, 24(2): 175-184.

[36] Christiansen T R. Modeling efficiency and effectiveness of coordination in engineering design teams[D]. Standford University, 1994.

[37] Clifton C, Duffield C F. Improved PFI/PPP service outcomes through the integration of Alliance principles[J]. International Journal of Project Management, 2006, 24(7): 573-586.

[38] Cox A, Townsend M. Strategic procurement in construction: Towards

better practice in the management of construction supply chains[M]. 1998.

[39] Cox A W, Ireland P, Townsend M. Managing in construction supply chains and markets: Reactive and proactive options for improving performance and relationship management[M]. Britain: Thomas Telford, 2006.

[40] Cox A, Thompson I. 'Fit for purpose' contractual relations: determining a theoretical framework for construction projects[J]. European Journal of Purchasing and Supply Management, 1997, 3(3): 127-135.

[41] Crawford L, Cooke-Davies T, Hobbs B, et al. Governance and support in the sponsoring of projects and programs[J]. Project Management Journal, 2008, 39(S1): S43-S55.

[42] Crocker K J, Reynolds K J. The efficiency of incomplete contracts: An empirical analysis of air force engine procurement[J]. The RAND Journal of Economics, 1993: 126-146.

[43] Construction Specification Institute. Project delivery practice guide[M]. John Wiley & Sons, Inc. 2011.

[44] Dong W Y, Soung H K, Nak H K. Combined modeling with multi-agent system and simulation: Its application to harbor supply chain management[C]. Processing of the 35th Hawaii International Conference on System Sciences, 2002.

[45] Doran J, Gilbert N. Simulating societies: an introduction[J]. Simulating societies: The computer simulation of social phenomena, 1994: 1-18.

[46] Dozzi P, Hartman F, Tidsbury N, et al. More-stable owner-contractor relationships[J]. Journal of Construction Engineering and Management, 1996, 122(1): 30-35.

[47] Dyer J H, Chu W. The role of trustworthiness in reducing transaction costs and improving performance: Empirical evidence from the United States, Japan, and Korea[J]. Organization Science, 2003, 14(1): 57-68.

[48] Du YL, Yin YL. Governance-Management-Performance (GMP) framework: A fundamental thinking for improving the management performance of public projects[J]. iBusiness, 2010, 2(3): 282-294.

[49] Duncan, R. B. Characteristics of organizational environments and perceived environmental uncertainty[J]. Administrative Science Quarterly, 1972, 17(3): 313-327.

[50] El Asmar M, Hanna A S, Loh W Y. Quantifying performance for the integrated project delivery system as compared to established delivery systems[J]. Journal of Construction Engineering and Management, 2013, 139(11): 04013012.

[51] El Asmar M, Hanna A S, Chang C K. Monte Carlo simulation approach to support alliance team selection[J]. Journal of Construction Engineering and Management, 2009, 135(10): 1087-1095.

[52] El Asmar M, Lotfallah W, Whited G, et al. Quantitative methods for design-build team selection[J]. Journal of Construction Engineering and Management, 2010, 136(8): 904-912.

[53] Elster, J. A plea for mechanisms, in Social Mechanisms, edited by Hedstrom and Swedberg[J]. Cambridges U. Press. 1998, 45-73.

[54] Eisenhardt K M. Agency theory: An assessment and review[J]. Academy of Management Review, 1989, 14(1): 57-74.

[55] El-Sheikh A, Pryke S D. Network gaps and project success[J]. Construction Management and Economics, 2010, 28(12): 1205-1217.

[56] Epstein M, Axtell R. Growing artifical societies: Social science from the bottom up[M]. New York: The Brooking Institute Press and MIT Press, 1996.

[57] Eriksson P E. Partnering: What is it, when should it be used, and how should it be implemented? [J]. Construction Management and Economics, 2010, 28(9): 905-917.

[58] Eriksson P., Laan A. Procurement effects on trust and control in client-

contractor relationships[J]. Engineering, Construction and Architectural Management, 2007, 14(4): 387-399.

[59] Eriksson P E, Nilsson T B. Partnering the construction of a Swedish pharmaceutical plant: Case study[J]. Journal of Management in Engineering, 2008, 24(4): 227-233.

[60] Eweje J, Turner R, Müller R. Maximizing strategic value from megaprojects: The influence of information-feed on decision-making by the project manager[J]. International Journal of Project Management, 2012, 30(6): 639-651.

[61] Faems D, Janssens M, Madhok A, et al. Toward an integrative perspective on alliance governance: Connecting contract design, trust dynamics, and contract application[J]. Academy of Management Journal, 2008, 51(6): 1053-1078.

[62] Fahmy S W. Comparative analysis of expected and actual performance of public design-build projects[R]. 2005.

[63] Fellows R, Liu A M M. Managing organizational interfaces in engineering construction projects: addressing fragmentation and boundary issues across multiple interfaces[J]. Construction Management and Economics, 2012, 30(8): 653-671.

[64] Ferber J, Gutknecht O. A meta-model for the analysis and design of organizations in multi-agent systems[C]. Multi Agent Systems, Proceedings of 1998 International Conference on IEEE, 1998, 128-135.

[65] Fsisol N, Dainty A, Price A. The concept of 'relational contracting' as a tool for understanding inter-organizational relationships in construction [C]. Proceedings of 21st Annual ARCOM Conference. 2005. London, UK.

[66] Forbes L H, Ahmed S M. Modern construction: lean project delivery and integrated practices[M]. Boca Raton: CRC Press, 2010.

[67] Florence Y Y L. How project managers can better control the performance

of design-build projects[J]. International Journal of Project Management, 2004, 22: 477-488.

[68] Flyvbjerg B, Bruzelius N, Rothengatter W. Megaprojects and risk: An anatomy of ambition[M]. Cambridge: Cambridge University Press, 2003.

[69] Galbraith. Organization design: an information processing view[J]. Iterfaces, 1974, 4: 28-36.

[70] Garland R. Project Governance: A practical guide to effective project decision making[M]. India: Kogan Page Publishers, 2009.

[71] Ghoshal S, Moran P. Bad for practice: A critique of the transaction cost theory[J]. Academy of Management Review, 1996, 21(1): 13-47.

[72] Gil N, Tommelein I D, Ballard G. Theoretical comparison of alternative delivery systems for projects in unpredictable environments[J]. Construction Management and Economics, 2004, 22(5): 495-508.

[73] Goldspink C. Methodological implications of complex systems approaches to sociality: Simulation as a foundation for knowledge[J]. Journal of Artificial Societies and Social Simulation, 2002, 5(1): 1-19.

[74] Gopal A, Koka B R. The role of contracts on quality and returns to quality in offshore software development outsourcing[J]. Decision Sciences. 2010, 41(3): 491-516.

[75] Gordon C M. Choosing appropriate construction contracting method[J]. Journal of Construction Engineering and Management, 1994, 120(1): 196-210.

[76] Gulati R. Does familiarity breed trust? The implications of repeated ties for contractual choice in alliances[J]. Academy of Management Journal, 1995, 38(1): 85-112.

[77] Gulati R, Nickerson J A. Interorganizational trust, governance choice, and exchange performance[J]. Organization Science, 2008, 19(5): 688-708.

[78] Guo F, Chang-Richards Y, Wilkinson S, et al. Effects of project governance structures on the management of risks in major infrastructure projects: A comparative analysis[J]. International Journal of Project Management, 2014, 32(5): 815-826.

[79] Granovetter M. Economic action and social structure: The problem of embeddedness[J]. American Journal of Sociology, 1985: 481-510.

[80] Granovetter M. Economic institutions as social constructions: a framework for analysis[J]. Acta Sociologica, 1992, 35(1): 3-11.

[81] Gray C, Hughes W. Building design management[M]. London: Routledge, 2012.

[82] Griffith A, Headley J D. Using a weighted score model as an aid to selecting procurement methods for small building works[J]. Construction Management and Economics, 1997, 15(4): 341-348.

[83] Hackett S C. Incomplete contracting: a laboratory experimental analysis[J]. Economic Inquiry, 1993, 31(2): 274.

[84] Hanneman R, Patrick S. On the uses of computer-assisted simulation modeling in the social sciences[J]. Sociological Research Online, 1997, 2(2).

[85] Harrison J R, Lin Z, Carroll G R, et al. Simulation modeling in organizational and management research[J]. Academy of Management Review, 2007, 32(4): 1229-1245.

[86] Hass K B. Managing complex projects: a new model[M]. Management Concepts Inc., 2009.

[87] Williams T. Modelling complex projects[M]. John Wiley & Sons, Ltd. 2002.

[88] Hass K B. Managing complex projects: a new model[M]. Management Concepts Inc., 2009.

[89] Hauck A J, Walker D HT, Hampson K D, Peters R. Project alliancing at national museum of Australia-collaborative process[J]. Journal of

Construction Engineering and Management, 2004, 130(1): 143-152.

[90] Helen S N, Feniosky Peña-Mora, Tadatsugu Tamaki. Dynamic conflict management in large-scale design and construction projects [J]. Journal of Management in Engineering, 2007, 23: 52-66.

[91] Heide J B. Interorganizational governance in marketing channels[J]. The Journal of Marketing, 1994: 71-85.

[92] Ho S P, Tsui C W. The transaction costs of Public-Private Partnerships: Implications on PPP governance design[C]. Lead 2009 Specialty Conference: Global Governance in Project Organizations, South Lake Tahoe, CA. 2009, 5-7.

[93] Hoezen M, van Rutten J, Voordijk H, et al. Towards better customized service-led contracts through the competitive dialogue procedure[J]. Construction Management and Economics, 2010, 28(11): 1177-1186.

[94] Hoezen M, Voordijk H, Dewulf G. Procuring complex projects using the competitive dialogue[J]. International Journal of Project Organisation and Management, 2014, 6(4): 319-335.

[95] Hwang B G, Thomas S R, Haas C T, et al. Measuring the impact of rework on construction cost performance[J]. Journal of Construction Engineering and Management, 2009, 135(3): 187-198.

[96] Hyosoo Moon, Kwonhyun Kim, Hyun-Soo Lee, Moonseo Park, Trefor P. Williams, Bosik Son, Jae-Youl Chun. Cost Performance Comparison of Design-Build and Design-Bid-Build for Building and Civil Projects Using Mediation Analysis[J]. Journal of Construction Engineering and Management, 2020, 146(9): 04020113.

[97] Ibbs C W, Ashley D B. Impact of various construction contract clauses[J]. Journal of Construction Engineering and Management, 1987, 113(3): 501-521.

[98] Ive G, Chang C Y. The principle of inconsistent trinity in the selection of procurement systems[J]. Construction Management and Economics,

2007, 25(7): 677-690.

[99] Jaffar N, Abdul Tharim A H, Shuib M N. Factors of conflict in construction industry: A literature review [J]. Procedia Engineering, 2011, 20: 193-202.

[100] Jensen M C, Meckling W H. Theory of the firm: Managerial behavior, agency costs and ownership structure[J]. Journal of Financial Economics, 1976, 3(4): 305-360.

[101] Jera Sullivan, Mounir El Asmar, Jad Chalhoub, Hassan Obeid. Two Decades of Performance Comparisons for Design-Build, Construction Manager at Risk, and Design-Bid-Build: Quantitative Analysis of the State of Knowledge on Project Cost, Schedule, and Quality[J]. Journal of Construction Engineering and Management, 2017, 143(6): 04017009.

[102] Jin Y, Levitt R E. The virtual design team: A computational model of project organizations[J]. Journal of Computational and Mathematical Organizational Theory, 1996, 2(3): 171-195.

[103] Johnston E W, Hicks D, Nan N, et al. Managing the inclusion process in collaborative governance[J]. Journal of Public Administration Research and Theory, 2011, 21(4): 699-721.

[104] Jooste S F, Scott W R. Organizations enabling public private partnerships: an organization field approach[J]. Global Projects: Institutional and Political Challenges, 2011, 377-402.

[105] Juran J M. Juran on quality by design: The new steps for planning quality into goods and services[M]. USA: Simon and Schuster, 1992.

[106] Klakegg O J. Challenging the interface between governance and management in construction projects[C]. 5th Nordic Conference on Construction Economics and Organisation, 2009, 181-201.

[107] Klakegg O J, Williams T, Magnussen O M, et al. Governance frameworks for public project development and estimation[J]. Project

Management Journal, 2008, 39(S1): S27-S42.

[108] Konchar M, Sanvido V. Comparison of US project delivery systems[J]. Journal of Construction Engineering and Management, 1998, 124(6): 435-444.

[109] Kooy O. Understanding the causal relations in organizational structures of project teams[D]. Delft University of Technology, 2012.

[110] Kreiner K. The site organization: a study of social relationships on construction sites[R]. Technical University of Denmark, 1976.

[111] Kujala J, Murtoaro J, Artto K. A negotiation approach to project sales and implementation[J]. Project Management Journal, 2007, 38(4): 33-44.

[112] Kumaraswamy M M, Rahman M M, Ling F Y Y, et al. Reconstructing cultures for relational contracting[J]. Journal of Construction Engineering and Management, 2005, 131(10): 1065-1075.

[113] Kumaraswamy M. Exploring the legal aspects of relational contracting[J]. Journal of Professional Issues in Engineering Education and Practice, 2006, 132(1): 42-43.

[114] Lahdenperä P. Making sense of the multi-party contractual arrangements of project partnering, project alliancing and integrated project delivery[J]. Construction Management and Economics, 2012, 30(1): 57-79.

[115] Lambert K. Project governance[J]. World project management week, 2003, 27(3).

[116] Lam K C, Palaneeswaran E, Yu C Y. A support vector machine model for contractor prequalification[J]. Automation in Construction, 2009, 18: 321-329.

[117] Larson A. Network dyads in entrepreneurial settings: A study of the governance of exchange relationships[J]. Administrative Science Quarterly, 1992, 76-104.

[118] Larson E. Partnering on construction projects: a study of the relationship between partnering activities and project success[J]. IEEE Transactions on Engineering Management, 1997, 44(2): 188-195.

[119] Laryea S, Hughes W. How contractors price risk in bids: theory and practice[J]. Construction Management and Economics, 2008, 26(9): 911-924.

[120] Lawrence P R, Lorsch J W. with the research assistance of Garrison J S, Organization and environment: managing differentiation and integration[M]. Boston: Division of Research, Graduate School of Business Administration, Harvard University, 1967.

[121] Levitt B, March J G, Chester I. Barnard and the intelligence of learning, in Williamson O E, (ed.) Organization theory: From chester barnard to the present and beyond, expanded edn[M]. New York: Oxford University Press, 1995.

[122] Levitt R E. Overview of the Virtual Design Team (VDT) research program: 1988-2010[R]. CIFE Working Paper, 2009.

[123] Levitt R E. Computational modeling of organizations comes of age[J]. The Journal of Compuational and Mathematical Organization, 2004, 10(2): 127-145.

[124] Levitt R E. CEM Research for the next 50 years: Maximizing economic, environmental, and societal value of the built environment 1[J]. Journal of Construction Engineering and Management, 2007, 133(9): 619-628.

[125] Levitt R E, Thomsen T R, Christiansen J C, et al. Simulating project work processes and organizations: Toward a micro-contingency theory of organizational design[J]. Management Science, 1999, 45(11): 1479-1495.

[126] Levy S M. Public-private partnerships: Case studies on infrastructure development[M]. 2011.

[127] Lee Y, Cavusgil S T. Enhancing alliance performance: The effects of contractual-based versus relational-based governance[J]. Journal of Business Research, 2006, 59(8): 896-905.

[128] Leiblein M J. The choice of organizational governance form and performance: Predictions from transaction cost, resource-based, and real options theories[J]. Journal of Management, 2003, 29(6): 937-961.

[129] Li H, Arditi D, Wang Z. Transaction costs incurred by construction owners[J]. Engineering, Construction and Architectural Management, 2014, 21(4): 444-458.

[130] Li J, Sheng Z H, Liu H M. Multi-agent simulation for the dominant players' behavior in supply chains [J]. Simulation Modelling Practice and Theory, 2010, (18): 850-859.

[131] Lin Y H, Ho S P. Impacts of governance structure strategies on the performance of construction joint ventures[J]. Journal of Construction Engineering and Management, 2012, 139(3): 304-311.

[132] Ling F Y Y, Chan S L, Chong E, et al. Predicting performance of design-build and design-bid-build projects[J]. Journal of Construction Engineering and Management, 2004, 130(1): 75-83.

[133] Ling F Y Y, Li S. Using social network strategy to manage construction projects in China[J]. International Journal of Project Management, 2012, 30(3): 398-406.

[134] Locatelli G, Mancini M, Romano E. Systems Engineering to improve the governance in complex project environments[J]. International Journal of Project Management, 2014, 32(8): 1395-1410.

[135] Love P E D, Skitmore M, Earl G. Selecting a suitable procurement method for a building project[J]. Construction Management and Economics, 1998, 16(2): 221-233.

[136] Love P E D, Edwards D J, Irani Z, et al. Participatory action

research approach to public sector procurement selection[J]. Journal of Construction Engineering and Management, 2012, 138(3): 311-322.

[137] Love P E D, Li H. Quantifying the causes and costs of rework in construction[J]. Construction Management and Economics, 2000, 18(4): 479-490.

[138] Lo W, Lin C L, Yan M R. Contractor's opportunistic bidding behavior and equilibrium price level in the construction market[J]. Journal of Construction Engineering and Management, 2007, 133(6): 409-416.

[139] Lu P, Guo S, Qian L, et al. The effectiveness of contractual and relational governances in construction projects in China[J]. International Journal of Project Management, 2015, 33(1): 212-222.

[140] Lu S, Yan H. An empirical study on incentives of strategic partnering in China: Views from construction companies[J]. International Journal of Project Management, 2007, 25(3): 241-249.

[141] Lumineau F, Quélin B V. An empirical investigation of interorganizational opportunism and contracting mechanisms[J]. Strategic Organization, 2012, 10(1): 55-84.

[142] Luu D T, Ng S T, Chen SE. Formulating procurement selection criteria through case-based reasoning approach[J]. Journal of Computing in Civil Engineering, 2005, 19(3): 269-276.

[143] Macneil I R. Power, contract, and the economic model[J]. Journal of Economic Issues, 1980, 14(4): 909-923.

[144] Macneil I R. Relational contract: What we do and do not know[J]. Wis. L. Rev., 1985, 483.

[145] Mafakheri F, Dai L, Slezak D, et al. Project delivery system selection under uncertainty: Multicriteria multilevel decision aid model[J]. Journal of Management in Engineering, 2007, 23(4): 200-206.

[146] Mahdi I M, Alreshaid K. Decision support system for selecting the proper project delivery method using analytical hierarchy process[J].

International Journal of Project Management, 2005, 23(7): 564-572.

[147] Malone T W, Croswton K. The interdisplinary study of coordination[J]. ACM Computing Surveys, 1994, 26(1), 28.

[148] Malone T W, Crowston K, Lee J. and Pentand B. Tools for inventing organizations: Toward a handbook of organizational processes[R]. Center for Coordination Science, Massachusetts Institute of Technology, Working Paper #141, 1993.

[149] Mayer K J, Salomon R M. Capabilities, contractual hazards, and governance: Integrating resource-based and transaction cost perspectives[J]. Academy of Management Journal, 2006, 49(5): 942-959.

[150] March J G, Simon H A. Organizations(2nd Edition)[M]. Cambridge: Blackwell Publishers, 1993.

[151] Mark N, Levitt R E. Agent-based modeling of knowledge dynamics[J]. Journal of Knowledge Management Research and Practice, 2004, 2(3): 169-183.

[152] Meng X. Assessment framework for construction supply chain relationships: Development and evaluation[J]. International Journal of Project Management, 2010, 28(7): 695-707.

[153] Meng X. The effect of relationship management on project performance in construction[J]. International Journal of Project Management, 2012, 30(2): 188-198.

[154] Michael W. Ibrahim, Awad Hanna, Dave Kievet. Quantitative Comparison of Project Performance between Project Delivery Systems[J]. Journal of Management in Engineering, 2020, 36(6): 04020082.

[155] Miller J B. Engineering systems integration for civil infrastructure projects[J]. Journal of Management in Engineering, 1997, 13(5): 61-69.

[156] Miller G, Furneaux C W, Davis P, et al. Built environment procurement practice: Impediments to innovation and opportunities for changes[J]. Built Environment, 2009.

[157] Miller R, Lessard D R. Evolving strategy: risk management and the shaping of mega-projects[J]. Decision-Making on Mega-Projects, 2008, 145.

[158] Miller R, Hobbs J B. Governance regimes for large complex projects[J]. Project Management Journal, 2005, 1-10.

[159] Minchin J R E, Li X, Issa R R, et al. Comparison of cost and time performance of design-build and design-bid-build delivery systems in Florida[J]. Journal of Construction Engineering and Management, 2013, 139(10): 04013007.

[160] Mintberg H. The structure of organizations [M]. Upper Saddle River. NJ.: Prentice Hall, 1979.

[161] Molenaar K R, Songer A D. Model for public sector design-build project selection[J]. Journal of Construction Engineering and Management, 1998, 124(6): 467-479.

[162] Molenaar K R. Framework for comparing project delivery costs[J]. Cost Engineering, 2004, 46(11): 24-32.

[163] Mooi E A, Ghosh M. Contract specificity and its performance implications[J]. Journal of Marketing, 2010, 74(2): 105-120.

[164] Murtoaro J, Kujala J, Artto K. Negotiations in project sales and delivery process: An application of negotiation analysis[R]. Helsinki University of Technology, 2005.

[165] Murtoaro J, Kujala J. Project negotiation analysis[J]. International Journal of Project Management, 2007, 25(7): 722-733.

[166] Müller R. Project Governance (Fundamentals of project management) [M]. London: Ashgate Publishing Group, 2009.

[167] Naoum S G. Critical analysis of time and cost of management and

traditional contracts[J]. Journal of Construction Engineering and Management, 1994, 120(4): 687-705.

[168] Nicholson J. Rethinking the competitive bid [J]. Civil Engineering, 1991, 61(1): 66-68.

[169] Nielsen B B. Strategic fit, contractual, and procedural governance in alliances[J]. Journal of Business Research, 2010, 63(7): 682-689.

[170] Ning Y. Boosting public construction project outcomes through relational transactions in singapore[D]. Natioanl university of singapore, PHD Thesis, 2013.

[171] Ng S T, Luu D T, Chen S E, et al. Fuzzy membership functions of procurement selection criteria[J]. Construction Management and Economics, 2002, 20(3): 285-296.

[172] Ng S T, Rose T M, Mak M, et al. Problematic issues associated with project partnering-the contractor perspective[J]. International Journal of Project Management, 2002, 20(6): 437-449.

[173] Ng S T. EQUAL: A case-based contractor prequalifier[J]. Automation in Construction, 2001, 10(4): 443-457.

[174] North M J, Macal C M. Managing business complexity: Discovering strategic solutions with agent-based modeling and simulation[M]. New York: Oxford University Press, 2007.

[175] Ouchi W G. Markets, bureaucracies, and clans[J]. Administrative Science Quarterly, 1980, 129-141.

[176] Oyetunji A A, Anderson S D. Relative effectiveness of project delivery and contract strategies[J]. Journal of Construction Engineering and Management, 2006, 132(1): 3-13.

[177] Peña-Mora F, Tamaki T. Effect of delivery systems on collaborative negotiations for large-scale infrastructure projects[J]. Journal of Management in Engineering, 2001, 17(2): 105-121.

[178] Pietroforte R, Miller J B. Procurement methods for US infrastructure:

Historical perspectives and recent trends[J]. Building Research and Information, 2002, 30(6): 425-434.

[179] Ping Ho S, Lin Y H, Wu H L, et al. Empirical test of a model for organizational governance structure choices in construction joint ventures[J]. Construction Management and Economics, 2009, 27(3): 315-324.

[180] Project Management Institute. . A Guide to the Project Management Body of Knowledge(seven edition)[M]. New York: Project Management institute, 2021.

[181] Project Management Institute. 项目管理知识体系指南(第六版)[M]. 北京: 电子工业出版社, 2018.

[182] Poppo L, Zenger T. Do formal contracts and relational governance function as substitutes or complements? [J]. Strategic Management Journal, 2002, 23(8): 707-725.

[183] Prietula M, Carley K, Gasser L. Simulating organizations: Computational models of institutions and groups[M]. Cambridge: The MIT Press, 1998.

[184] Project Management Institute. A guide to the project management body of knowledge(Fith Edition)[M]. New York: Project Management institute, 2013.

[185] Pryke S, Pearson S. Project governance: case studies on financial incentives[J]. Building Research and Information, 2006, 34(6): 534-545.

[186] Pryke S D. Towards a social network theory of project governance[J]. Construction Management and Economics, 2005, 23(9): 927-939.

[187] Puddicombe M S. Contracts: A holistic perspective[C]. Procedding of Construction Research Conference. 2005, 396-401.

[188] Puddicombe M S. Why contracts: Evidence[J]. Journal of Construction Engineering and Management, 2009, 135(8): 675-682.

[189] Rahman M M, Kumaraswamy M M. Contracting relationship trends and transitions[J]. Journal of Management in Engineering, 2004, 20(4): 147-161.

[190] Rahman M M, Kumaraswamy M M. Potential for implementing relational contracting and joint risk management[J]. Journal of Management in Engineering, 2004, 20(4): 178-189.

[191] Reve T, Levitt R E. Organization and governance in construction[J]. International Journal of Project Management, 1984, 2(1): 17-25.

[192] Reve T, Levitt R E. Organization and governance in construction[J]. International Journal of Project Management, 1984, 2(1): 17-25.

[193] Richey R G, Roath A S, Whipple J M, et al. Exploring a governance theory of supply chain management: Barriers and facilitators to integration[J]. Journal of Business Logistics, 2010, 31(1): 237-256.

[194] Rindfleisch A, Antia K, Bercovitz J, et al. Transaction costs, opportunism, and governance: Contextual considerations and future research opportunities[J]. Marketing Letters, 2010, 21(3): 211-222.

[195] Ring P S, Van de Ven A H. Structuring cooperative relationships between organizations[J]. Strategic Management Journal, 1992, 13(7): 483-498.

[196] Roehrich J K, Lewis M A. Towards a model of governance in complex (product-service) inter-organizational systems[J]. Construction Management and Economics, 2010, 28(11): 1155-1164.

[197] Rossetti C L, Choi T Y. Supply management under high goal incongruence: An empirical examination of disintermediation in the aerospace supply chain[J]. Decision Sciences, 2008, 39(3): 507-540.

[198] Rouse W B, Boff K R. Organizational simulation[M]. New York: Wiley-Interscience, 2005.

[199] Rousseau D M, Sitkin S B, Burt R S, et al. Not so different after all:

A cross-discipline view of trust[J]. Academy of Management Review, 1998, 23(3): 393-404.

[200] Rwelamila P D, Meyer C. Appropriate or default project procurement systems[J]. Construction Engineering, 1999, 41(9): 40-44.

[201] Ruparathna R, Hewage K. Review of contemporary construction procurement practices[J]. Journal of Management in Engineering, 2015, 31(3): 04014038.

[202] Ruuska I, Ahola T, Artto K, et al. A new governance approach for multi-firm projects: Lessons from Olkiluoto 3 and Flamanville 3 nuclear power plant projects[J]. International Journal of Project Management, 2011, 29(6): 647-660.

[203] Sanderson J. Risk, uncertainty and governance in megaprojects: A critical discussion of alternative explanations[J]. International Journal of Project Management, 2012, 30(4): 432-443.

[204] Sargent R G. Validation and verification of simulation models[C]. Proceeding of the 1992 Winter Simulation Conference, 1992.

[205] Schaufelberger J E. Private sector project delivery[J]. AACE International Transactions, 2002, 51.

[206] Scheublin F J M. Project alliance contract in The Netherlands[J]. Building Research and Information, 2001, 29(6): 451-455.

[207] Scott R E, Triantis G G. Anticipating litigation in contract design[J]. The Yale Law Journal, 2006, 814-879.

[208] Scott W R, Levitt R E, Orr R J. Global projects: Institutional and political challenges[M]. Cambridge: Cambridge University Press, 2011.

[209] Seshadri S, Mishra R. Relationship marketing and contract theory[J]. Industrial Marketing Management, 2004, 33(6): 513-526.

[210] Sha K X. Vertical governance of construction projects: An information cost perspective[J]. Construction Management and Economics, 2011, 29(11): 1137-1147.

[211] Shash A A. Bidding practices of subcontractors in Colorado[J]. Journal of Construction Engineering and Management, 1998, 124(3): 219-225.

[212] Sharif A, and Morledge R. The procurement systems model by the functional approach[C]. Proceedings of the 10th Annual ARCOM Conference, 1994, Leicestershire, 660-71.

[213] Sheng Z H, Huang T W, Du J G, et al. Study on self-adaptive proportional control method for a class of output models[J]. Discrete and Continuous Dynamical Systems, 2009, (11): 1-19.

[214] Shrestha P P, O'Connor J T, Gibson Jr G E. Performance comparison of large design-build and design-bid-build highway projects[J]. Journal of Construction Engineering and Management, 2011, 138(1): 1-13.

[215] Sitkin S B, Sutcliffe K M, Schroeder R G. Distinguishing control from learning in total quality management: A contingency perspective[J]. Academy of Management Review, 1994, 19(3): 537-564.

[216] Simon H A. The architecture of complexity, 1962. Reprinted in H. Simon, 1982. The sciences of the artificial[M]. Cambridge, MA: MIT Press.

[217] Simon H A. Adminstrative behavior[M]. NY: Macmillan, 1997.

[218] Singh D, Tiong R L K. Contractor selection criteria: Investigation of opinions of Singapore construction practitioners[J]. Journal of Construction Engineering and Management, 2006, 132(9): 998-1008.

[219] Singh D, Tiong R L K. A fuzzy decision framework for contractor selection[J]. Construction Engineering and Managament, 2005, 131, 62-70.

[220] Skitmore R M, Marsden D E. Which procurement system? Towards a universal procurement selection technique[J]. Construction Management and Economics, 1988, 6(1): 71-89.

[221] Smith N J. Roles and responsibilities in project procurement, in Turner,

J. R. (ed.)Contracting for Project Management, Gower, Aldershot, 2003.

[222] Smith G R, Bohn C M. Small to medium contractor contingency and assumption of risk[J]. Journal of construction engineering and management, 1999, 125(2): 101-108.

[223] Son J W, Rojas E M. Evolution of collaboration in temporary project teams: an agent-based modeling and simulation approach[J]. Journal of Construction Engineering and Management, 2010, 137(8): 619-628.

[224] Songer A D, Molenaar K R. Selecting design-build: Public and private sector owner attitudes[J]. Journal of Management in Engineering, 1996, 12(6): 47-53.

[225] Standish R K. Complexity growth in artificial life. http://parallel.acsu.unsw.edu.au/rks.

[226] Stephen A T, Coote L V. Interfirm behavior and goal alignment in relational exchanges[J]. Journal of Business Research, 2007, 60(4): 285-295.

[227] Stephen P R, Timothy A J. Organzaitonal bahavior (fourth edition)[M]. Beijing: Tsinghua University Press, 2012.

[228] Stretton A. A short histroy of project management: Part two: The 1970s[J]. Aust Project Manager, 1994, (2): 48.

[229] Suchman M C. The contract as social artifact[J]. Law & Society Review, 2003, 37(1): 91-142.

[230] Tah J H M. Towards an agent-based construction supply network modelling and simulation platform[J]. Automation in Construction, 2005, 14(3): 353-359.

[231] Telser L G. A theory of self-enforcing agreements[J]. Journal of Business, 1980: 27-44.

[232] Tenah K A. Project delivery systems for construction: An overview[J]. Cost Engineering-Ann Arbor Then Morgantown, 2001, 43(1): 30-36.

[233] The Business Roundtable. Contractual arrangement [R]. New York, 1982.

[234] The Construction Specification Institute. Project delivery practice guide[M]. New York: Wiley, 2011.

[235] Thomsen J, Fischer M A, Levitt R E. The virtual team alliance (VTA): An extended theory of coordination in concurrent product development projects[R]. CIFE working paper, 1998.

[236] Thomsen J, Levitt R E, Kunz J C, et al. A trajectory for validating computational emulation models of organizations[J]. Computational and Mathematical Organization Theory, 1999, 5(4): 385-401.

[237] Thomsen J, Levitt R E, Nass C I. The virtual team alliance (VTA): Extending Galbraith's information-processing model to account for goal incongruency[J]. Computational and Mathematical Organization Theory, 2005, 10(4): 349-372.

[238] Thomsen J, Kunz J C, Levitt R E. Designing quality into project organizations through computational organizational simulation[J]. Journal of Organizational Computing and Electronic Commerce, 2007, 17(1): 1-27.

[239] Thompson I, Cox A, Anderson L. Contracting strategies for the project environment[J]. European Journal of Purchasing and Supply Management, 1998, 4(1): 31-41.

[240] Thomas S R, Macken C L, Chung T H, et al. Measuring the impacts of the delivery system on project performance—Design-build and design-bid-build[J]. NIST GCR, 2002, 2: 840.

[241] Too E G, Weaver P. The management of project management: A conceptual framework for project governance[J]. International Journal of Project Management, 2013, 32(8): 1382-1394.

[242] Turner J R. Farsighted project contract management: incomplete in its entirety[J]. Construction Management and Economics, 2004, 22(1):

75-83.

[243] Turner J R. Towards a theory of project management: The nature of project governance and project management[J]. International Journal of Project Management, 2006, 24(2): 93-95.

[244] Turner J R. The handbook of project-based management[M]. London: McGrawHill, 2009.

[245] Turner J R, Simister S J. Project contract management and a theory of organization[J]. International Journal of Project Management, 2001, 19(8): 457-464.

[246] Touran A. Probabilistic approach for budgeting in portfolio of projects[J]. Journal of Construction Engineering and Management, 2009, 136(3): 361-366.

[247] Uzzi B. The sources and consequences of embeddedness for the economic performance of organizations: The network effect[J]. American Sociological Review, 1996: 674-698.

[248] Uzzi B. Social structure and competition in interfirm networks: The paradox of embeddedness[J]. Administrative Science Quarterly, 1997: 35-67.

[249] Vandaele D, Rangarajan D, Gemmel P, et al. How to govern business services exchanges: Contractual and relational issues[J]. International Journal of Management Reviews, 2007, 9(3): 237-258.

[250] von Branconi C, Loch C H. Contracting for major projects: Eight business levers for top management[J]. International Journal of Project Management, 2004, 22(2): 119-130.

[251] Wagner G, Tulba F. Agent-oriented modeling and agent-based simulation[R]. The Proceedings of 5th International Workshop on Agent-Oriented Information System, Springer-Verlag, LNGS, 2003.

[252] Walker D, Hampson K. (Eds.). Procurement strategies: A relationship-based approach[M]. New York: John Wiley & Sons, 2008.

[253] Wang F Y, Carley K M, Zeng D, et al. Social computing: From social informatics to social intelligence[J]. IEEE Intelligent Systems, 2007, 22(2): 79-83.

[254] Wang F Y. Toward a paradigm shift in social computing: The ACP approach[J]. IEEE Intelligent Systems, 2007, 22(5): 65-67.

[255] Weaver P. Effective project governance-The tools for success[C]. Proceedings of PMI NZ 'JAFA' Annual Conference, Auckland, New Zealand, 2005.

[256] Willems P. A functional network for product modeling[M]. Netherlands: PLI-88-18, IBBC-TNO, 1988.

[257] Williams T. Modelling complex projects[M]. New York: John Wiley & Sons, Ltd. 2002.

[258] William I, Ashley D. Impact of various construction contract clauses[j]. Journal of Construction Engineering and Management, 1987, 113(3): 501-521.

[259] Williams T M, Klakegg O J, Magnussen OM, et al. An investigation of governance frameworks for public projects in Norway and the UK[J]. International Journal of Project Management. 2010, 28: 40-50.

[260] Williamson O E. Markets and hierarchies: antitrust analysis and implications[J]. New York: The Free Pres, 1975.

[261] Williamson O E. Transaction-cost economics: The governance of contractual relations[J]. The Journal of Law and Economics, 1979, 22(2): 233-261.

[262] Williamson O E. The economic institutions of capitalism: Firms, markets, relational contracting[M]. New York: The Free Press, 1985.

[263] Winch G M. Governing the project process: A conceptual framework[J]. Construction Management and Economics, 2001, 19(8): 799-808.

[264] Wong P S, Cheung S. Trust in construction partnering: Views from parties of the partnering dance[J]. International Journal of Project

Management, 2004, 22: 437-446.

[265] Xia B, Chan A, Zuo J, et al. Analysis of selection criteria for design-builders through the analysis of requests for proposal[J]. Journal of Management in Engineering, 2011, 29(1): 19-24.

[266] Ya-zhuo L, Fan L. An analysis of contractual incompleteness in construction exchanges[C]. Computer Sciences and Convergence Information Technology(ICCIT), 2011 6th International Conference on IEEE, 2011, 963-967.

[267] Yan L, Yang L, Zhao H. Research frame for incentive mechanism of the construction agent in government investment project: from the perspective of project governance[C]. 2009 IEEE International Conference on Industrial Engineering and Engineering Management, IEEE, 2009, 1513-1517.

[268] Zaghloul R, Hartman F. Construction contracts: the cost of mistrust[J]. International Journal of Project Management, 2003, 21(6): 419-424.

[269] Zhang X. Criteria for selecting the private-sector partner in public-private partnerships[J]. Journal of Construction Engineering and Management, 2005, 131(6): 631-644.

[270] Zhang A. transaction governance structure: Theories, empirical studies, and instrument design[J]. International Journal of Commerce and Management, 2006, 16(2): 59-85.

[271] Zheng J, Roehrich J K, Lewis M A. The dynamics of contractual and relational governance: Evidence from long-term public-private procurement arrangements[J]. Journal of Purchasing and Supply Management, 2008, 14(1): 43-54.

[272] Zou P X W, Zhang G, Wang J. Understanding the key risks in construction projects in China[J]. International Journal of Project Management, 2007, 25(6): 601-614.

[273] 陈帆, 王孟钧. 契约视角下的PPP项目承包商治理机制研究[J]. 技术

经济，2010，29（8）：45-48.

［274］陈光健.大力协同 保证重点工程建设——国家计委副主任陈光健介绍20个重大工程项目情况[J].企业管理，1990（5）：18-19.

［275］陈柳钦.国际工程大型投资工程管理模式探讨（一）[J].建筑设计管理，2005（2）：57-60.

［276］陈勇强，张宁，杨秋波.工程项目交易方式研究综述[J].工程管理学报，2010，24（5）：473-478.

［277］成虎.工程项目管理[M].北京：高等教育出版社，2008.

［278］夏征农，陈至立.辞海（第六版）[M].上海：上海辞书出版社，2010.

［279］丁翔，盛昭瀚，程书萍.基于计算实验的大型工程合谋治理机制研究[J].软科学，2014，28（8）：26-31.

［280］丁翔，盛昭瀚，李真.基于计算实验的重大工程决策分析[J].系统管理学报，2015（4）：545-551.

［281］丁士昭.建设工程信息化导论[M].北京：中国建筑工业出版社，2005.

［282］丁士昭.工程项目管理[M].北京：中国建筑工业出版社，2014.

［283］丁荣贵，高航，张宁.项目治理相关概念辨析[J].山东大学学报（哲学社会科学版），2013（2）：132-142.

［284］丁荣贵，邹祖烨，刘兴智.政府投资科技项目治理中的关键问题及对策[J].中国软科学，2012（1）：90-99.

［285］广东省东江——深圳供水工程建设总指挥部.东深供水改造工程（第一卷 建设管理）[M].北京：中国水利水电出版社，2005.

［286］国家发展计划委员会，建设部.工程勘察设计收费标准[M].北京：中国物价出版社，2002.

［287］国家计委对重大项目进行稽查[J].科技进步与对策，1999（5）：118.

［288］国家统计局.中华人民共和国2015年国民经济和社会发展统计公报[R].http：//www.stats.gov.cn/tjsj/zxfb/201602/t20160229_1323991.html，2012.

［289］国家"十四五"规划纲要[R].http：//www.gov.cn.xinwen/2021-03-13/

content_5592681.htm?Pc,2021.

[290] 贾广社,高欣.大型建设工程的新型管理模式——项目总控[J].科技导报,2002,20(5):41-44.

[291] 蒋兴明.对加快推进重大项目建设的思考[J].宏观经济管理,2014(12):69-70,73.

[292] 哈特,朱俊,汪冰,等.公司治理:理论与启示[J].经济学动态,1996(6):60-63.

[293] 现代汉语词典[M].北京:商务印书馆,1996.

[294] 何清华,李永奎,乐云,等.工程管理案例[M].北京:中国建筑工业出版社,2008.

[295] 洪伟民,王卓甫,王敏.建设工程不同交易方式总成本比较研究[J].建筑经济,2007(9):18-21.

[296] 兰建平,苗文斌.嵌入性理论研究综述[J].技术经济,2009,28(1):104-108.

[297] 李真,孟庆峰,盛昭瀚.工程施工团队中机会主义行为复杂性分析与计算实验[J].系统管理学报,2017,26(3):502-511.

[298] 乐云.大型工程项目的新型合同结构模式[J].同济大学学报(自然科学版),2004,32(2):262-265.

[299] 乐云,李永奎.工程项目前期策划[M].北京:中国建筑工业出版社,2011.

[300] 乐云,朱胜波.建设项目前期策划与设计过程项目管理[M].北京:中国建筑工业出版社,2010.

[301] 李德刚,于德介,刘坚,等.基于Agent的组织建模研究[J].中国管理科学,2005,13(6):136-142.

[302] 李慧敏,王卓甫.建设工程交易的研究范式[J].华北水利水电学院学报,2012,33(4):13-18.

[303] 李建章.交易成本与土木工程施工合同招投标的最优机制设计[M].重庆交通学院学报,2005,24(5):119-122.

[304] 李迁,丁翔,于文.基于计算实验的工程承发包模式选择机理分析.

华东经济管理，2013（8）：165-170．

[305] 李忠富，王汇墨．基于DEA的中国建筑业生产效率实证研究[J]．系统管理学报，2011，20（3）：307-313．

[306] 梁永宽．工程管理中的合同治理与关系治理[D]．广州：中山大学，2008．

[307] 刘武君．重大基础设施建设设计管理[M]．上海：上海科学技术出版社，2009．

[308] 刘丹，曹建彤，陈建名．基于Agent建模的应用：研究综述[J]．技术经济，2014，33（11）：96-102．

[309] 刘清华．企业网络中关系性交易治理机制及其影响研究[D]．杭州：浙江大学，2003．

[310] 刘世定．嵌入性与关系合同[J]．社会学研究，1999（4）：77-90．

[311] 廖守亿，王仕成，张金生．复杂系统基于Agent的建模与仿真[M]．北京：国防工业出版社，2015．

[312] 陆云波，张欣，顾志明．可计算项目组织与流程及其应用[J]．工业工程与管理，2010，15（4）：98-103．

[313] 陆云波，张欣，王红丽，等．基于Agent的工程组织和流程模型[J]．系统工程理论与实践，2013，33（5）：1225-1230．

[314] （美）哈罗德·柯兹纳．项目管理——计划、进度和控制的系统方法[M]．杨爱华，王丽珍，史一辰，等译．北京：电子工业出版社，2010．

[315] （美）约翰·霍兰．隐秩序——适应性造就复杂性[M]．周晓牧，韩晖，译．上海：上海科技教育出版社，2000．

[316] （美）约翰·霍兰．涌现：从混沌到有序[M]．陈禹，等译．上海：上海世纪出版集团，2006．

[317] （美）Michael J N，Charles M M．企业复杂性管理：基于Agent建模与仿真的战略性解决方案[M]．陆云波，王红丽，李永奎，等译．北京：科学出版社，2014．

[318] （美）康芒斯，制度经济学（上）[M]．于树生，译．北京：商务印书

馆，2009.

[319] (美)Osland J S，Turner M E，Kolb D A，ct al. 组织行为学经典文献[M]. 顾琴轩，译. 北京：中国人民大学出版社，2010.

[320] (美)Scott W R，Davis G F. 组织理论：理性、自然与开放系统的视角[M]. 高俊山，译. 北京：中国人民大学出版社，2011.

[321] 孟斯硕. 高铁降速 铁道部出局"7·23"调查组[N]. 第一财经日报，2011.8.11.

[322] 孟宪海. 工程采购与合同策略[J]. 国际经济合作. 2007(8)：71-73.

[323] 秦旋，陈舒铃，乔任. 复杂性视角下基于Agent智能体的复杂工程社会风险演化研究[J]. 软科学，2021，35(06)：1-12.

[324] 曲娜，王孟钧. 基于交易费用理论的建设供应链模式价值创造[J]. 财经问题研究，2010(8)：65-68.

[325] 沙凯逊. 建设工程交易治理[M]. 北京：中国建筑工业出版社，2013.

[326] 沙凯逊，宋涛，赵锦锴，等. 从非对称信息看建设市场的整顿和规范[J]. 建筑经济，2004(1)：82-85.

[327] 沈满洪，张兵兵. 交易费用理论综述[J]. 浙江大学学报（人文社会科学版），2013，43(2)：44-58.

[328] 沈源. 建筑设计管理方法与实践[M]. 北京：中国建筑工业出版社，2014.

[329] 盛昭瀚，张维. 管理科学研究中的计算实验方法[J]. 管理科学学报，2011，14(5)：1-10.

[330] 盛昭瀚，张军，杜建国. 社会科学计算实验理论与应用[M]. 上海：上海三联出版社，2009.

[331] 盛昭瀚，李静，陈国华. 社会科学计算实验基本教程[M]. 上海：上海三联出版社，2000.

[332] 盛昭瀚，张军，刘慧敏. 社会科学计算实验案例分析[M]. 上海：上海三联出版社，2001.

[333] 王颖，王方华. 关系治理中关系规范的形成及治理机理研究[J]. 软科学，2007(2)：67-70.

[334] 王卓甫,杨高升,洪伟民.建设工程交易理论与交易模式[M].北京:中国水利水电出版社,2010.

[335] 王晓州.建设工程委托代理关系的经济学分析及激励与约束机制设计[J].中国软科学,2004,6:77-82.

[336] 王维国,刘德海.建筑工程项目招标低价中标现象的不完全信息博弈理论分析[J].中国管理科学,2008(S1):444-449.

[337] 王红丽,陆云波.可计算组织模型的验证难点与验证方法综述[J].系统工程理论与实践,2014,34(2):382-391.

[338] 王飞跃.人工社会、计算实验、平行系统——关于复杂社会经济系统计算研究的讨论[J].复杂系统与复杂性科学,2004,1(4):25-35.

[339] 王学通,王要武.基于不确定多属性理论的总承包工程交易模式决策模型研究[J].中国软科学,2010(2):153-160.

[340] 汪应洛.系统工程学[M].北京:高等教育出版社,2008.

[341] 乌云娜.项目采购与合同管理[M].北京:电子工业出版社,2010.

[342] 解绍璋.公路工程国内招标文件范本[M].北京:人民交通出版社,2003.

[343] 徐玖平,吴巍.多属性决策理论与方法[M].北京:清华大学出版社,2006.

[344] 邢会歌,王卓甫,尹红莲.考虑交易费用的工程招标机制设计[J].建筑经济,2008(8):87-89.

[345] 闫波.工程项目管理中的"关系"研究[D].南京:东南大学,2004.

[346] 严玲,尹贻林,范道津.公共项目交易治理理论概念模型的建立[J].中国软科学,2004(6):130-135.

[347] 杨飞雪,汪海舰,尹贻林.项目治理结构初探[J].中国软科学,2004(3):80-84.

[348] 杨瑞龙,冯健.企业间网络的效率边界:经济组织逻辑的重新审视[J].中国工业经济,2003(11):5-13.

[349] 杨其静.从完全合同理论到不完全合同理论[J].教学与研究,2003,V(7):27-33.

[350] 宜慧玉，高宝俊.管理与社会经济系统仿真[M].武汉：武汉大学出版社，2002.

[351] [英]Turner J R.工程中的合同管理[M].戚安邦，耿岚岚，等译.天津：南开大学出版社，2005.

[352] 中华人民共和国招标投标法.1999.

[353] 张水波.重大"国际化"工程项目治理——现状、问题与研究方向[R].国家基金委双清论坛，江苏，镇江，2012.9.6.

[354] 张维，张永杰，熊熊.计算实验金融研究[M].北京：科学出版社，2010.

[355] 张维，冯绪，熊熊，等.计算实验金融在中国：研究现状与未来发展[J].系统管理学报，2012，21(6)：756-764.

[356] 张维，赵帅特，熊熊，等.基于计算实验方法的行为金融理论研究综述[J].管理评论，2010，22(3)：3-11.

[357] 张伟，石纯一.Agent的组织承诺和小组承诺[J].软件学报，2003，14(3)：473-478.

[358] 张维迎.博弈论与信息经济学[M].上海：上海人民出版社，2004.

[359] 周雪光.组织社会学十讲[M].北京：社会科学文献出版社，2003.